In dieser Reihe sind
bisher erschienen:

Richtig Badminton
Richtig Basketballspielen
Richtig Bergsteigen
Richtig Freiklettern
Richtig Fußballspielen
Richtig Golf
Richtig Jogging
Richtig Jonglieren
Richtig Karate
Richtig Muskeltraining
Richtig Paragliding
Richtig Reiten
Richtig Rennradfahren
Richtig Schwimmen
Richtig Segeln
Richtig Segelsurfen
Richtig Skifahren
Richtig Skilanglaufen
Deutsche Skischule
Richtig Squash
Richtig Stretching
Richtig Taekwondo
Richtig Tanzen 1
Richtig Tanzen 2
Richtig Tauchen
Richtig Tennisspielen
Richtig Tischtennis
Richtig Walking
Richtig Wildwasserfahren
Richtig Yoga

Alexander Kölbing
Achim Steinfurth

Richtig Golf
rund ums Grün

Chip, Pitch, Putt und Sand

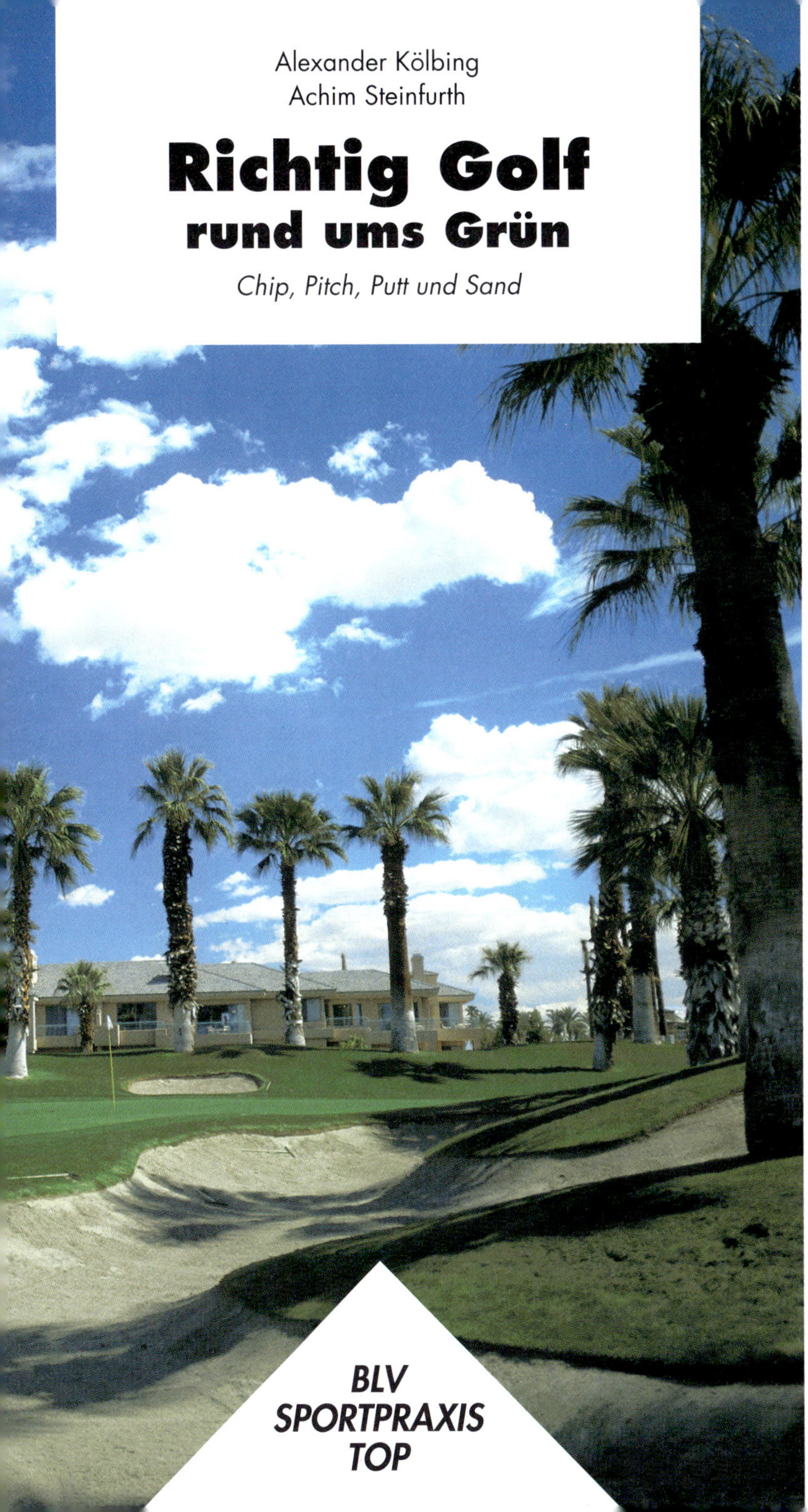

**BLV
SPORTPRAXIS
TOP**

Die Deutsche Bibliothek –
CIP-Einheitsaufnahme

Kölbing, Alexander:
Richtig Golf – rund ums Grün ; Chip, Pitch,
Putt und Sand / Alexander Kölbing ;
Achim Steinfurth. – München ; Wien ;
Zürich : BLV, 1997
  (BLV Sportpraxis : Top)
  ISBN 3-405-15093-0
NE: Steinfurth, Achim:

Dr. Alexander Kölbing, Jahrgang 1942,
Handicap 6, arbeitet als Filmautor beim
Fernsehen und seit langer Zeit als Buch-
autor (u. a. ist er Co-Autor des erfolgrei-
chen Titels »Richtig Golf – Technik, Taktik,
Psyche«, der erstmals 1989 erschien).
Auch hat er mehrere englischsprachige
Golfbücher ins Deutsche übersetzt.
Theorie und Praxis haben im Autorenteam
Kölbing/Steinfurth eine ideale Ergänzung
gefunden.

Achim Steinfurth, Jahrgang 1959, bis
1980 Nationalmannschafts-Mitglied,
mehrfacher bayerischer Meister. Heute ist
er Head Pro im Golf-Club Feldafing.
Nach übereinstimmender Meinung dürfte
er das fundierteste Wissen über den Golfschwung haben.

BLV Verlagsgesellschaft mbH
München Wien Zürich
80797 München

BLV Sportpraxis Top

© BLV Verlagsgesellschaft mbH,
München 1997

Lektorat: Edith Ch. Kiel
Herstellung und DTP: Rosemarie Schmid
Druck: Appl, Wemding
Bindung: Conzella, Urban Meister,
München

Gedruckt auf chlorfrei gebleichtem Papier

Printed in Germany · ISBN 3-405-15093-0

Bildnachweis
Alle Fotos von Ulli Seer
außer:
Thomas Exler: S. 2/3
Alexander Kölbing: S. 6, 11, 12, 20 u.,
35, 36/37, 53, 56, 71, 77, 89, 101,
105, 124

Umschlagfotos: Ulli Seer (Vorderseite),
Thomas Exler (Rückseite)

Grafiken: Egon Quitta
Computergrafik: Jörg Mair

Inhalt

Faszination Golf

Eine wahre Geschichte: Dreharbeiten in Irland für einen Dokumentarfilm des Bayerischen Fernsehens. Die Autorin und der Kameramann, beide seit Jahren leidenschaftliche Golfspieler, treibt es allabendlich auf den Golfplatz. Kein Verständnis dafür hat der Kameraassistent als dritter im Team.

Er ist erklärter Golfgegner. Seine Abneigung macht er deutlich: Er gehöre einer Bürgerinitiative an, die in seiner Allgäuer Heimat den Neubau einer Golfanlage bekämpft. Da weiß er sich einig mit seinen Eltern, die diese Ablehnungsfront ins Leben gerufen haben.

Vom Argument überzeugt, daß man stets wissen müsse, worüber man ur-teilt, läßt er sich zu ersten Versuchen auf der Driving Range überreden. Aus den anfänglichen Schlägen – sozusagen noch unter Protest – wird regelmäßiges, tägliches Üben.

Nach Beendigung der dreiwöchigen Dreharbeiten muß er sich eingestehen, daß Golf nun wohl zu seinem ständigen Wegbegleiter werden wird. Irland verläßt er, nicht ohne vorher eine komplette Ausrüstung erworben zu haben. Sein Problem: Wie erkläre ich diesen Sinneswandel meinen Eltern?

Als er nach Hause kommt, stechen ihm als erstes zwei neue Golfbags ins Auge. Seine Eltern hatten einen Ärztekongreß in St. Moritz besucht und an einem Schnupperkurs teilgenommen, »weil man ja kennen sollte, was man so von Herzen ablehnt«. Fazit: Der Golfplatz ist gebaut, die gesamte Familie Mitglied.

Faszination Golf: Jacaranda-Blüten in Royal Nairobi.

Nüchternes Kalkül

Tatort Driving Range. Immer wieder die gleichen Gesichter. Wenn Sie eine überschlägige Rechnung aufmachen, dann üben von den 700 Mitgliedern Ihres Clubs 100 regelmäßig und 10 intensiv, sprich täglich. Eindeutig bevorzugt wird das lange Spiel. Mit dem Beherrschen langer Schläge verbindet sich bei den meisten die Vorstellung, tatsächlich Golf spielen zu können, und es ist eben auch einfach faszinierend, die eigenen Bälle »fliegen« zu sehen und nicht nur immer jene der Spitzenspieler.

Schlechte Nachrichten gewöhnlich am 19. Loch. Obwohl doch so fleißig trainiert wurde, war einem Fortuna beim letzten Turnier wieder einmal nicht gnädig gesonnen. Mehrmals lag man mit zwei Schlägen schon unmittelbar vor dem Grün, doch der erhoffte – und eigentlich ob des Fleißes auch verdiente – gute Score blieb aus. Zu kurz waren die Chips, zu ungenau die Putts, der Ball wollte einfach nicht ins Loch.

Realitäten im Clubleben, wie sie jeder von uns kennt. Man müßte halt – und das ist die Analyse, die auch des öfteren zu hören ist – mehr fürs kurze Spiel tun. Denn in der Tat gewonnen hatte wieder einmal jener Spieler, der von sich sagen konnte: Heute sind alle meine Putts gefallen, heute habe ich traumhaft angenähert! Gary Player hat den bezeichnenden Satz geprägt »Wer mehr übt, hat mehr Glück«, und vom gleichen Gary Player weiß man, das er geradezu fanatisch an seinem kurzen Spiel gearbeitet hat. Einmal, so wird berichtet, hat er sich vorgenommen, den Bunker nicht eher zu verlassen, bis er 10 Bälle eingelocht hat. Er brauchte dazu 5 Stunden! Noch heute übrigens, nachdem seine Karriere ihren Zenit überschritten hat, gilt er als einer der besten Bunkerspieler der Welt.

Die Faszination des langen Spiels ist es, die das kurze Spiel stets hintanstehen läßt. Erinnern wir uns doch nur an unseren letzten Besuch eines großen Turniers. Natürlich haben wir Bernhard Langer auf der Runde begleitet, waren auch auf der Driving Range und haben dort die Spitzenspieler bei ihren makellosen Schwüngen beobachtet. Natürlich haben wir an gleicher Stelle viele Bekannte und Freunde getroffen, die genauso wie wir neue Erkenntnisse für das eigene Spiel mit nach Hause nehmen wollten. Versäumt aber haben Sie, auch einen Blick auf das Puttinggrün zu werfen. Dort nämlich – so hätten Sie festgestellt – befanden sich fast überhaupt keine Zuschauer, dafür aber so viele Spieler, daß praktisch kein Loch mehr frei war, und alle haben sie stundenlang und hochkonzentriert geputtet. Die Spitzenspieler wissen ganz genau, was zu üben für erfolgreiches Golf wirklich von Bedeutung ist.

Nur über das gekonnte kurze Spiel führt auch für Sie der Weg zum Erfolg, sprich zu Rundenergebnissen, die Sie zufriedenstellen, ja beglücken. Das ist nicht nur so dahingesagt, sondern läßt sich durch Zahlen anschaulich belegen. Die Amerikaner mit ihrem Hang zur Statistik haben Tausende von Golfrunden ausgewertet und dabei folgendes herausgefunden. Golf setzt sich zusammen aus:

43 % Putten
13 % Chippen
7 % Pitchen (kurze Eisen)
5 % Befreiungsschläge (z.B. aus dem Bunker)
4 % mittlere Eisen
3 % lange Eisen
25 % Hölzer

68 % aller Schläge werden innerhalb von etwa 90 m vom Loch gespielt. Und daß das Putten so überragenden Anteil hat, ergibt sich schon daraus, daß der Putter der einzige Schläger ist, den Sie auf jeder Bahn zum Einsatz bringen. Keinen anderen Schläger halten Sie auf einer Golfrunde so oft in der Hand wie Ihren Putter. Wenn wir jetzt anhand der Zahlen ein bißchen zu rechnen beginnen, stellen wir fest, daß wir eigentlich zwei Drittel unserer Trainingszeit auf das kurze Spiel verwenden müßten. Eine Empfehlung, die übrigens Bernhard Langer, wo immer er sich zu Trainingsgepflogenheiten äußert, nachdrücklich ausspricht.

Wenn sich in Ihnen ob solcher Fakten innerlich alles zu sträuben beginnt, weil Sie das Üben von Chips und Pitches schon immer genervt hat, ja, Sie es einfach langweilig und frustrierend finden, aus kürzester Entfernung jeden zweiten Putt danebenzuschieben, so kann Ihnen vielleicht folgendes als Ansporn dienen: die einfache Wahrheit nämlich, daß Sie die Schläge um das Grün und auf dem Grün genauso gut lernen können wie die Professionals – ob Sie das nun glauben oder nicht. Die Athletik nämlich, die erfolgreiches langes Spiel zur Voraussetzung hat und die nicht jedem von uns gegeben ist, ist für das kurze Spiel entbehrlich. Hier bedarf es einer profunden Schlagtechnik, eines zielsicheren Auges und eines bestimmten Maßes an Ballgefühl – alles Attribute, welche den meisten, die sich zum Golf entschlossen haben, schon in gewissem Umfang zu eigen sind und die es nun gezielt zu entwickeln gilt.

Der legendäre amerikanische Golflehrer Harvey Penick hat in seinem *Little Red Book* gesagt, daß beim Golf Stärken und Schwächen immer eng beisammenlägen. Wer seine Schwächen kuriere, spiele besser. Die meisten aber, so seine Erkenntnis aus fast 70jähriger Trainertätigkeit, arbeiteten an ihren Stärken.

Aus eigener Erfahrung wissen wir, daß einen nichts mehr verbittern kann, als wenn man den Gegner bis zum Grün regelmäßig ausspielt und dann miterleben muß, wie er oder sie geradezu unmögliche Putts einlocht oder Pitches aus 60 m tot an die Fahne schlägt. Jeder, dem es so ergeht, empfindet dieses natürlich als eine Ungerechtigkeit erster Güte, und die Enttäuschung, von einem überlegenen Putter geschlagen zu werden anstatt von einem insgesamt besseren Spieler, kann einem den letzten Nerv rauben. Mit dem Ergebnis natürlich, daß das eigene Spiel darunter maßlos leidet, ja sogar zerbricht. Man erinnere sich an Großereignisse des Golfsports, beispielsweise an den Sieg von Lee Trevino über Tony Jacklin anläßlich der British Open 1972 in Muirfield, wo Trevino in entscheidender Spielsituation – wenn die Nerven sozusagen bloßliegen – aus schier unmöglichen Lagen mehrfach einlochte. Man sagt, daß der glücklose Brite sich von dieser Niederlage nie wieder erholt hat. Denken Sie auch an den tragischen Greg Norman, der Siege in Major-Turnieren greifbar vor Augen hatte und abgefangen wurde von Larry Mize, der einen 30 m-Chip einlochte, oder von Bob Tway, der aus dem Bunker den Ball direkt versenkte.

Einen inzwischen legendären Beweis für die Macht des kurzen Spiels lieferte Altmeister Paul Runyan. In den 30er und 40er Jahren gewann er zweimal die U. S. PGA Meisterschaft, das vierte der sog. Major-Turniere (The Open, The Masters, U. S. Open und U. S. PGA Championship). Nach eigenem Bekunden basierten alle seine Erfolge fast ausschließlich auf seinem überragenden kurzen Spiel. Schon früh nämlich zeigte sich, daß mit seinen langen Schlägen kaum Staat zu machen war. Er war, wie er sich selber einschätzte, der Professional mit der geringsten Länge in der Geschichte des amerikanischen

Golfs, der es dennoch fertigbrachte, erfolgreich zu sein. Noch heute gilt Paul Runyan als der personifizierte Inbegriff des kurzen Spiels. Durch ihn wurde dessen Bedeutung, so könnte man sagen, ins allgemeine Bewußtsein gerückt. Erst durch ihn bekamen Pitches, Chips und Putts jenen Stellenwert in einer Golfrunde, der ihnen tatsächlich gebührt. Vor seiner Zeit

hielt man sich an die eher zweifelhafte Weisheit, nämlich daß einer dann Golf spielen kann, wenn er ein Eisen 2 gut trifft.

Vielleicht haben Sie dieses Buch gekauft, weil Sie ab jetzt gezielt etwas für Ihr kurzes Spiel tun wollen, da Sie sich endlich den inneren Ruck gegeben haben, die entscheidende Schwachstelle in Ihrem Spiel auszu-

merzen. Die Autoren jedenfalls versprechen, alles daranzusetzen, Ihnen die »Dos and Don'ts« so verständlich und nachvollziehbar wie möglich darzulegen.

Abb. 1
Keinen Schläger haben Sie auf einer Golfrunde so oft in der Hand wie Ihren Putter. 43 % aller Schläge sind Putts.

Putten

Never up, never in.
Golfweisheit
Ever up, never in.
Harvey Penick

Ein Golfloch mißt 10,8 cm im Durchmesser. Obwohl 4 Golfbälle bequem in dieses Rund hineinpassen, will es uns oftmals nicht gelingen, aus 50 cm einzulochen. Schuld ist das in kritischer Situation reichhaltig ausgeschüttete Adrenalin, so daß, wie es so schön heißt, die Nerven versagen und wir nichts mehr von dem zuwege bringen, was streßfrei auf dem

Übungsgrün überhaupt kein Problem ist. Weil das so ist, gleich zu Beginn zwei ganz wichtige Empfehlungen:

1. Putten Sie während der Runde immer dergestalt, daß der Ball nahe am Loch zur Ruhe kommt (wenn Sie nicht schon eingelocht haben). Um jeden Preis anzugreifen und dann des öfteren viel zu lang zu sein, mag für Spitzenspieler die Devise sein, nicht aber für den Normalgolfer. Wenn Ihr Annäherungsputt nah am Loch liegt, kann der Folgeputt, wie man in Bayern sagt, nicht zum Wadlbeißer werden. Man versteht darunter einen Ball, der gerade soviel Distanz zum Loch hat, daß man sich es

Abb. 2
Jungstar
Alexander
Cejka locht
ein, während
Altmeister
Severiano
Ballesteros
wohl nur am
eigenen
Spiel interessiert ist.

Abb. 3 Lassen Sie sich beim Üben etwas einfallen: Nie die gleiche Entfernung zum Loch, nie die gleichen Breaks, nie die gleiche Wuchsrichtung des Grases usw.

nicht verzeihen würde, wenn man vorbeischiebt, die Entfernung aber dennoch zu groß ist, als daß der Erfolg schon gesichert wäre. Nichts ist schlimmer, wenn man nicht so eiskalt verwandelt wie Alexander Cejka, als sich dauernd mit solchen Zitterputts konfrontiert zu sehen.

2. Üben Sie das Putten niemals nur um des lieben Einlochens willen. Schaffen Sie sich äußerlich oder innerlich immer eine Wettkampf-situation. Putten Sie gegen andere (um Geld) oder gegen sich selbst. Nur so gewinnen Sie die Erkennt-nis, wie es um Ihre Puttfähigkeit tatsächlich bestellt ist. Ben Hogan hat sich gelegentlich eine Pistole an seiner Schläfe vorgestellt, die

losgeht, wenn er versagt. Aber so drastisch braucht es ja nicht zu sein. Nehmen Sie sich vor, 10, 20 oder 30 Bälle aus 70 cm einzu-lochen, wobei Sie immer wieder von vorne beginnen müssen, wenn ein Putt danebengeht. Was glau-ben Sie, wieviel Druck Sie spüren, wenn gerade der 26. gefallen ist und Sie noch viermal erfolgreich sein müssen.

Putten ist Kunst und Handwerk zu-gleich. Aus 15 m Entfernung unter *Sudden death*-Bedingungen einzulo-chen auf Grüns, die so schnell wie Billardtische sind und obendrein so gewellt, daß der Ball keinen Meter geradeaus läuft, ist eine Kunst, die nicht erlernbar ist. Niemand konnte

13

1   2   3

das besser als Jack Nicklaus in seiner Glanzzeit. Erinnern wir uns nur an seine Finalrunde bei den Masters 1986 in Augusta. Wie von unsichtbaren Fäden gezogen verschwanden die Bälle im Loch. Auf solchem Niveau zu putten setzt höhere Befähigungen voraus, es ist daher nicht unbedingt vermittelbar.

Sehr wohl zu vermitteln ist dagegen die handwerkliche Seite. Lassen Sie sich nicht täuschen, wenn Sie hören, Putten sei reine Gefühlssache und auf Technik komme es überhaupt nicht an. Es ist auch nicht so, wie vielfach behauptet, daß erfolgreiches Putten Ihnen von Anfang an Raum für einen individuellen Stil offenläßt. Bevor Putten zur Kunst werden kann, ist eine Menge handwerkliche Arbeit zu leisten. Es ist vor allem eine Technik zu erlernen, die es Ihnen ermöglicht, den Ball geradeaus auf das Ziel zu-

rollen zu lassen. Das ist das Wesentliche des Handwerks beim Putten, nämlich daß Sie in der Lage sind, den Ball immer wieder genau dahin schlagen zu können, wohin Sie zielen. Putten läßt sich da in gewisser Weise mit dem Schießsport vergleichen. Auch in diesem Präzisionssport geht es zuerst einmal darum, sicherzustellen, daß die Waffe geradeaus schießt. Daher gilt die große Aufmerksamkeit dem Justieren. Diesem »Justieren« beim Putten haben Sie, seien Sie ehrlich, bisher wenig bis gar keine Beachtung geschenkt. Sie haben Putten geübt, dabei aber mehr den Willen zum Einlochen im Sinn gehabt als sich um eine Technik bemüht, die das Einlochen zunehmend wiederholbar macht. Alle wirklich guten Putter können dem Ball genau die gewünschte Richtung geben. Wenn solche Putt-Künstler vorbei-

14

Abb. 4
Der Putt-
schwung,
wie wir ihn
gerne
vermitteln
würden.

4   5

schieben, so liegt das nicht an der Unfähigkeit, zielsicher zu putten, sondern am Grün – daß nämlich *Breaks* nicht zu erkennen waren oder man solche falsch berechnet hatte.

Noch ein Wort zum vorher angesprochenen individuellen Puttstil. Bitte verstehen Sie uns hier richtig. Beim Putten, so wie es die großen Spieler live oder im Fernsehen demonstrieren, gibt es offensichtlich die unterschiedlichsten Vorgehensweisen. Auch unter den besten Spielern finden sich nicht zwei, an denen sich exakt der gleiche Stil erkennen ließe. Und vielfach sind die Unterschiede tatsächlich gravierend. Denken Sie etwa an Gary Player, der mit seiner verkrampft wirkenden Ansprechhaltung neun Majors gewonnen hat. Sein Schlag auf den Ball ist so abrupt, daß praktisch kein *Follow through* erfolgt. Schulmäßig führt er vor, wie man es

eigentlich *nicht* macht. Auch ist er einer der wenigen großen Putter, der von einem extrem geschlossenen Stand aus spielt. Jack Nicklaus' persönlicher Stil besteht darin, daß er auffallend gebückt über dem Ball steht und im Bemühen, das Schlägerblatt *square* durch den Ball zu führen, eine Bewegung des rechten Arms und der rechten Hand vollführt, die wie der Stoß eines Kolbens aussieht. Shooting Star und Linkshänder Phil Mickelson zeigt dagegen modernes Putten wie aus dem Lehrbuch. Hände, Arme und Schultern bewegen sich als Einheit, die Handgelenke bleiben ohne jede aktive Einflußnahme. Alle diese Spieler haben Tausende erfolgreicher Putts hinter sich, was uns soviel sagen kann, daß kein besonderer Puttstil der allein richtige und erfolgversprechende ist. Wahr ist aber auch, daß diese Spieler jene in-

15

dividuellen Eigenschaften entwickelt haben, die für sie die besten Voraussetzungen bieten, um erfolgreich zu zielen, den Ball optimal zu treffen und auch das Grün mit seinen speziellen Eigenschaften gut im Auge behalten zu können. Und bei allen so unterschiedlichen äußeren Erscheinungsbildern gilt: Gemeinsam ist guten Puttern, den Schläger tatsächlich in der Weise auf den Ball treffen lassen zu können, daß er den vorbezeichneten Lauf nimmt.

Versuchen wir also miteinander, das so einfach aussehende und doch so schwierige Handwerk des Geradeausspielens zu erlernen.

Kurze, gerade Putts

Suchen Sie sich auf dem Puttinggrün in Ihrem Club ein Loch zum Trainieren aus, das in seiner Umgebung frei von *Breaks* ist, so daß der Ball gerade gespielt werden muß, um im Loch zu verschwinden. Versuchen Sie sich jetzt in **1 m-Putts**. Sofern Sie nicht schon ein geübter Putter sind oder – was wir Ihnen wünschen würden – besondere Begabung besitzen, werden Sie feststellen, daß es nicht nur unmöglich ist, jeden Putt einzulochen, sondern daß Ihnen darüber hinaus jede Konstanz fehlt. Die Bälle sind zu kurz oder zu lang, gehen rechts oder links vorbei, und gelegentlich fallen tatsächlich auch welche ins Loch. Jetzt die gleiche Aufgabe, doch mit gezielter Unterstützung der beiden Schläger (Abb. 5).

Abb. 5 So gewinnen Sie eine erste Vorstellung davon, wie der Schlägerkopf bewegt werden muß, damit der Ball ins Loch geht.

Führen Sie den Putter gerade zurück und gerade wieder vor. Bremsen Sie nicht vor dem Ball ab, sondern gehen Sie, wie man in der Fachsprache sagt, ungebremst durch den Ball durch. Wenn Sie mit Ihrem Putter zwischen den beiden Schäften bleiben, werden Sie kaum einen Ball nicht ins Loch bringen. Die Übung sollte Ihnen bewußtmachen, daß kurze Putts immer so gespielt werden, daß der Schläger absolut gerade zurück- und auch wieder vorgeschwungen wird, sich also ohne Abweichung auf gerader Ziellinie bewegt. Der Erfolg, der sich jetzt zwangsläufig einstellt, ist für Sie frappierend. Feiern Sie sich dennoch nicht als den genialen Putter; denn ohne die Schlägerunterstützung werden die Resultate wahrscheinlich wieder auffallend schlechter, und mit Schlägerhilfe – dieses Mal jedoch mit **3 m-Puttdistanz** – werden die Ergebnisse Sie auch nicht gerade vom Hocker reißen. Immerhin aber haben wir uns bewiesen, daß selbst schon geringer Einsatz von Technik deutlich bessere Erfolge zeitigt.

Lassen Sie uns bei allen weiteren Übungen bei der 3 m-Distanz und einem geraden Putt bleiben. Der Abstand ist damit groß genug, alle Fehler deutlich sichtbar zu machen, aber auch Verbesserungen sofort offenkundig werden zu lassen. Der beiden Schläger bedienen wir uns in der gewohnten Weise. Um das Zielen brauchen Sie sich also im Augenblick nicht weiter zu kümmern. Im folgenden geht es nur noch darum, zu lernen, den Ball geradeaus zu spielen, auf daß es schlußendlich für Sie nicht mehr allzu schwierig sein sollte, den Ball auf das anvisierte Ziel zurollen zu lassen.

Obwohl Sie jetzt auf gerade Putts durch die Zieleinrichtung der beiden Schläger programmiert sind, werden Ihre Erfolge anfänglich bescheiden ausfallen. Ein wesentlicher Grund dafür liegt wahrscheinlich in Ihrer zu großen Körperaktivität. Bewegungen des Kopfes und des Körpers während des Schlags sind die Hauptgründe dafür, daß viele der sog. machbaren Putts eben doch nicht fallen. Unruhe

des Körpers führt dazu, daß der Putter nicht mehr auf der vorgeschriebenen Linie bewegt wird, oder daß das Schlägerblatt nicht gerade, sondern verdreht an den Ball kommt. Gary Player hat einmal gesagt: **Je näher sich ein Spieler am Loch befindet, um so ruhiger muß er seinen Kopf halten!** Bei seinem Putten verharrt sein Kopf so lange absolut bewegungslos, bis der Ball im Loch verschwunden ist. Nach dem Treffen schaut er dem Ball nicht nach. Sein Blick bleibt auf die Stelle fixiert, wo der Ball vorher lag. Er kann nicht sagen, wenn er einmal nicht gelocht hat, ob der Ball links oder rechts vorbeigegangen ist, weil er sich zu absoluter Unbeweglichkeit zwingt.

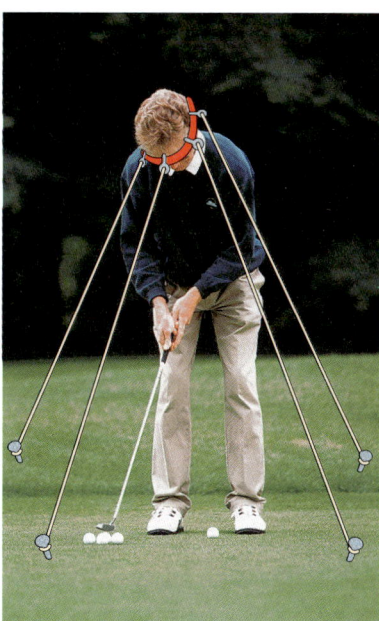

Abb. 6
Vielleicht hilft Ihnen dieser Gedanke, Ihren Kopf absolut bewegungslos zu halten.

17

Putten

Stellen Sie sich also immer vor, daß Ihr Kopf, wie in Abb. 6 zu sehen, fixiert ist. Erfolgskontrolle haben Sie, wenn Sie den Ball aus unverändertem Blickwinkel betrachten können. Beim Schwanken des Körpers oder bei der Bewegung nur des Kopfes gerät auch der Ball vermeintlich in Bewegung. Das aber darf nicht sein. Gewöhnlich hat das Nicht-Stillhalten-Können seinen Anfang am Kopf, der dem Pendeln des Schlägers folgt. In den meisten Fällen übrigens ist man sich dieses Schwankens gar nicht bewußt; deshalb sollten Sie sich einer Korrek-

turperson bedienen, mit deren Hilfe Sie das Körpergefühl des absoluten Stillhaltens erarbeiten.

Die Kopfbewegung zieht gewöhnlich ein Bewegen des gesamten Körpers nach sich. Es ist sicherlich nicht übertrieben festzustellen, daß viele Amateurgolfer mehr Beinbewegung beim Putten als in ihrem gesamten Schwung zeigen. Präzises Putten ist unter solcher Voraussetzung unmöglich, denn die Arme, Hände und auch der Schläger werden aus der Bahn geworfen. Richten Sie, um diesem Fehler gegenzusteuern, Ihr Augenmerk auf Ihren Unterkörper (Abb. 7). Er wird jetzt quasi zum Fundament der Puttbewegung. Sie sollten sich vorstellen, daß Sie von den Hüften abwärts einbetoniert sind. Mit einem solchen Gedanken zu putten stellt sicher, daß die Hüften, Beine und auch die Füße während des Schlags vollkommen unbeweglich bleiben und demzufolge der Schläger auch seine Schwungbahn nicht verläßt. Je weniger Bewegung Ihre Puttmethode beinhaltet, um so effizienter ist sie!

Üben Sie jetzt unter der Maßgabe absoluten Stillhaltens. Nicht nur die Trefferquote sollte sich verbessern, auch die Streuung müßte sich verringern.

Abb. 7 Fördern Sie in sich das Gefühl, mit Ihrem Unterkörper förmlich einbetoniert zu sein – ein wesentliches Element für Präzision beim Putten.

Der Puttschwung

Als nächstes gilt unsere Aufmerksamkeit Ihrem Puttschwung. Wie sollten Sie Ihren Putter zurück und vorwärts bewegen? Wo liegt die **Antriebsquelle?** Was steuert das Ganze? Antwort: **die Schultern** – und zwar ausschließlich. In der Geschichte des Golfs hat sich gezeigt, daß am besten puttet, wer möglichst wenig Körperteile selbständig agieren läßt. Dies gelingt, wenn die Schultern der Antriebsmotor sind und sich Arme und Hände im Einklang mit ihnen bewegen. Schultern, Arme und Hände formen, wie auf Abb. 9 zu erkennen, **ein Dreieck, das sich stets in seiner Gesamtheit bewegt.** Dabei gilt beson-

Abb. 8 Das viel zitierte Körperdreieck: Es hat nicht nur beim Putten Bedeutung, sondern ist innerhalb des gesamten Golfschwungs von großer Wichtigkeit.

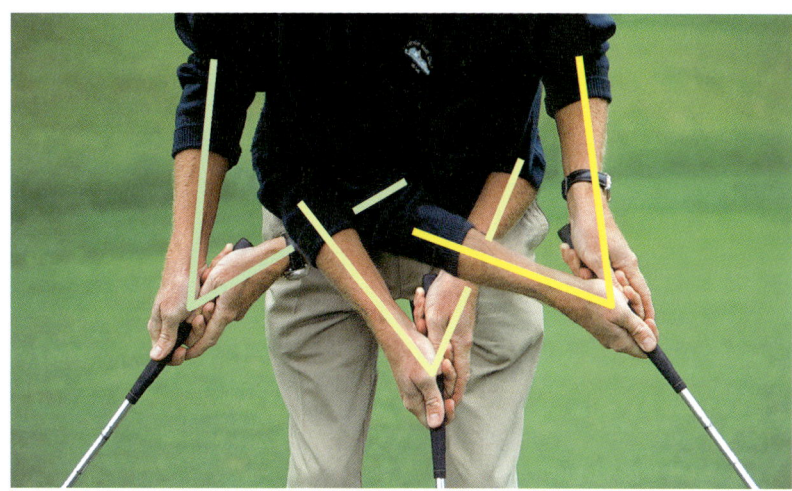

Abb. 9
Das sog.
Körperdreieck
bleibt immer
erhalten.

19

Abb. 10
Das fixierte
linke Hand-
gelenk: Oft-
mals lassen
sich mit kleinen
Hilfsmitteln
große Erfolge
erzielen.

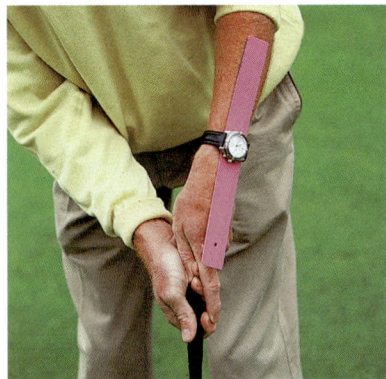

deres Augenmerk dem linken Handgelenk (Abb. 10). Leider macht es
sich gerne selbständig, sprich bricht
aus diesem Verbund aus, wohl im
Versuch, dem Ball den vermeintlich
entscheidenden Kick zu geben. Üben
Sie bewußt die Festigkeit des linken
Handgelenks. Bei den meisten ist dieses *die* Schwachstelle des gesamten
Puttens. Nur wenn das Handgelenk
seine ursprüngliche Stellung beibe-
hält, kann von der gewünschten Einheit die Rede sein.

Abb. 11
Einer der
Weltbesten des
kurzen Spiels:
Mark McNulty.
Schauen Sie
sich genau an,
wie fest sein
linkes Hand-
gelenk
geblieben ist.

1 2 3

Auf Abb. 12 ist die auch für Sie geradezu ideale Trainingsmethode dargestellt. Kein anderes Hilfsmittel als der unter den Armen festgeklemmte Regenschirm läßt Sie spüren, was unter dem »Rocken« der Schultern zu verstehen ist und wie Sie Ihren gesamten Oberkörper als Einheit arbeiten lassen können. Üben Sie in dieser Weise so lange, bis Sie sich garantieren können, das Körperdreieck auch ohne Unterstützung korrekt in Funktion zu setzen. Diese Übung, vom Golfguru Leadbetter übrigens wärmstens empfohlen, ist immer auch dann gut, wenn Sie das Gefühl haben, irgend etwas stimmt wieder einmal nicht! Sie werden erstaunt sein, wie schnell Sie mit dem Regenschirm auf den Pfad der Tugend zurückfinden.

Abb. 12 Die Übung mit dem Regenschirm vermittelt auf sehr einprägsame Weise, wie das Putten seinen Ausgang von den Schultern her nimmt und daß es sich um eine »Rauf- und Runter-Pendelbewegung« handelt, ein »Rocken« der Schultern.

Der Schirm hat vor allem deshalb ein so positiv erzieherisches Moment, weil sich die Schultern nicht drehen können. Vielfach resultiert erfolgloses Putten gerade aus einer solchen Schulterdrehung. Zu allem Überfluß ist man sich dieser Drehung meist nicht bewußt. Das Drehen der Schultern aber und gutes Putten schließen einander aus. Überprüfen Sie daher immer diesen Sachverhalt, wenn es nicht so gut läuft. **Rechte Schulter herunter** muß die Devise sein – nicht herum im Sinne einer Drehung!

21

Der Griff

Wir kommen zurück auf das linke Handgelenk. In vielen Fällen ist seine Schwäche bedingt durch einen untauglichen Griff. Ganz bewußt haben wir bisher noch kein Wort über das Greifen des Schlägers beim Putten verloren. Jetzt ist der richtige Anlaß dazu.

Grundsätzlich können Sie den Griff, mit dem Sie Ihre vollen Schläge spielen – gleich wie er aussieht – auch für das Putten verwenden. Während es aber bei den vollen Schlägen darauf ankommt, Nutzen aus beweglichen Handgelenken zu ziehen, sind diese das letzte, was Sie für kontrolliertes Putten brauchen. Die Spitzenspieler bedienen sich daher eines für das Ziel fester Handgelenke geeigneteren Griffs. Wir legen Ihnen das auch

nahe. Aus der Vielzahl der Möglichkeiten hat sich als der bei weitem populärste der sog. ***Reverse overlapping*-Griff** herauskristallisiert (Abb. 13).

Glücklicherweise dürfte dieser Griff nicht besonders stark von Ihrem Normalgriff abweichen. Nehmen Sie Ihren Putter daher so zur Hand, wie Sie es mit Ihren anderen Schlägern auch tun. Ziehen Sie dann den linken Zeigefinger aus dem Griff heraus und legen Sie ihn über die drei letzten Finger Ihrer rechten Hand. Ob dabei der Zeigefinger deutlich nach unten zeigt oder sich mehr um die Knöchel krümmt, bleibt Ihrem Gefühl für einen komfortablen Griff überlassen. Beide Daumen liegen auf der Front des Schlägergriffs auf, so wie dies auf Abb. 13 zu sehen ist. Der Gummiteil ist aus diesem Grund flach und nicht

Abb. 13
So bringen
Sie sich einen
guten Puttgriff
bei.

1

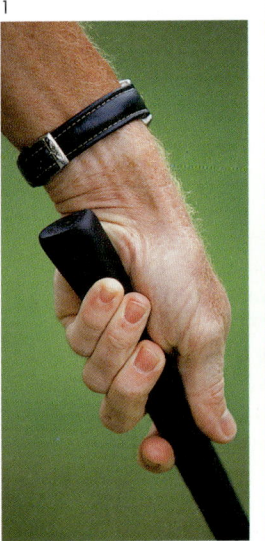

2

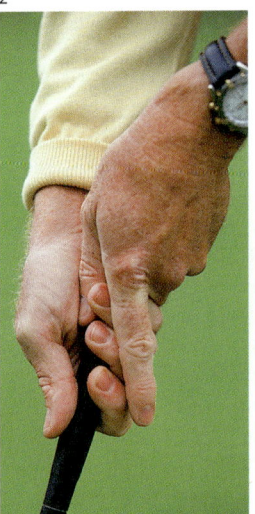

3

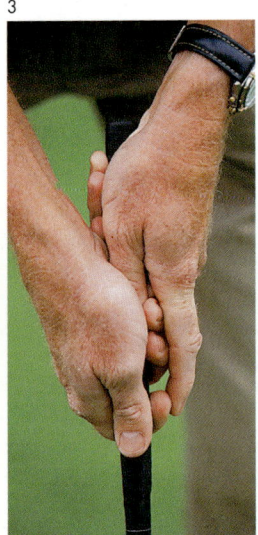

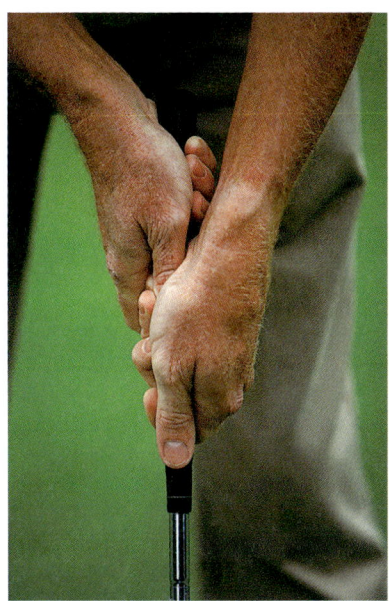

Abb. 14 Beim Cross-handed-Griff befindet sich die linke Hand unter der rechten. Fred Couples beispielsweise wendet diesen Puttgriff erfolgreich an.

rund gestaltet. Ein guter Griff zeichnet sich auch dadurch aus, daß die rechte Handfläche und der linke Handrücken im rechten Winkel aufs Ziel ausgerichtet sind.

Erwähnt werden muß, weil in letzter Zeit stark in Mode gekommen, der **Cross-handed-Puttgriff.** Der Putter wird in der gleichen Weise gehalten wie beim *Reverse overlapping*-Griff, nur haben die Hände gewechselt (Abb. 14). Jetzt ist die linke Hand unten und die rechte oben. Die Verfechter dieses Griffes, zu denen vor allem Fred »Bum, Bum« Couples gehört, führen an, daß sich damit besonders

Spieler verbessern können, deren linkes Handgelenk mit dem konventionellen Griff im Treffmoment nicht stabil bleibt. Die *Cross-handed*-Methode macht es einfacher, das linke Handgelenk unbeweglich und immer vor dem Schlägerkopf zu halten – auch noch nach dem Treffen des Balls –, was den Ball auf der vorgedachten Linie zu halten begünstigt.

Beim *Cross-handed*-Griff kann der rechte Zeigefinger die Finger der linken Hand überdecken oder aber er umfaßt den Schlägergriff ganz normal, je nachdem, wie es sich für Sie besser anfühlt.

Was haben wir bis jetzt erreicht? Dank unserer Zwei-Schläger-Übung stehen wir korrekt ausgerichtet und schwingen genau auf das Ziel zu. Begünstigt wird die Bewegung durch unsere Vorstellung von einem intakten Körperdreieck mit dem Motor in den Schultern und unsere Konzentration darauf, daß die Handgelenke im Treffmoment nicht »brechen« dürfen, sprich Eigenbewegung erzeugen.

Bevor wir noch tiefer in die Materie eindringen, sollten Sie üben, üben, üben: Kopf und Körper sind absolut still, Handgelenke fest, nur die Schultern bewegen sich nach oben und unten. Kein Zweifel: Mit diesem Maß an Technik ausgerüstet hat sich Ihr Putten im Vergleich zu Ihren Anfängen ganz wesentlich verbessert. Und keiner sage, daß die Winterzeit nicht ideale Voraussetzungen mit sich bringt, sein Golf zu verbessern. Völlig ungestört zu Hause auf dem Teppich: da läßt sich Technik lernen.

23

Putten

Abb. 15 (oben)
Beim Ansprechen des Balls darf der Schlägerkopf
auf der Ferse stehen (1) oder flach aufliegen (2). Nicht
unbedingt zu empfehlen ist, den Putterkopf auf die
Spitze zu stellen (3).

Abb. 16 (unten)
Die Hände sollen sich direkt über dem Ball (1) oder vor
dem Ball (2) befinden, niemals aber hinter dem Ball (3).

Dos and Don'ts

Beim Putten gibt es – wir schlagen
ein neues Kapitel auf – einige Dinge,
die Sie unbedingt tun, und ein paar
andere, die Sie besser unterlassen
sollten. Die große Mehrheit der guten
Putter beherzigt diese Empfehlungen.

1

2

3

1

2

3

1   2   3

Die Spitzenspieler sagen uns, daß der Ball die Tendenz hat, nach rechts zu laufen, wenn die Augen innerhalb der Ziellinie sind, und eher nach links tendiert, wenn Sie Ihre Augen außerhalb dieser Linie haben. Die Praxis zeigt, daß die meisten Pros auf der Tour die Augen senkrecht über dem Ball haben (so auch Bernhard Langer), einige wenige wie der berühmt gute Putter Ben Crenshaw sie innerhalb der Ziellinie haben, nicht ein einziger aber außerhalb.

Sobald Puttprobleme auftauchen, überprüfen Sie Ihre Augen/Ball-Position. Der Putter hilft Ihnen dabei (Abb. 18). Bernhard Langer sagt, die meisten Fehler beim Putten hängen mit einer falschen Augen/Ball-Position zusammen.

Abb. 17 (oben)
Beide Augen sollen sich senkrecht über dem Ball befinden (1), dürfen aber auch innerhalb der Ziellinie sein (2), jedoch niemals außerhalb (3).

Abb. 18 (unten)
So überprüfen Sie Ihre Augen/Ball-Position.

25

Beim Ansprechen des Balles sollen die Hände nicht zu tief gehalten werden. Abb. 19 zeigt zu tiefe Hände und im Gegensatz dazu die korrekte Position. Bei sog. hohen Händen ist der Winkel zwischen Armen und Putterschaft praktisch aufgelöst. Die Unterarme wirken wie eine Verlängerung des Schlägerschafts. Die hohe Haltung von Putter, Händen und Handgelenken begünstigt eine eher geradlinige Schwungebene, während tiefe Hände den Putterkopf mehr in einem Bogen schwingen lassen.

Abb. 19 Viele Empfehlungen für gutes Putten zielen auf die sog. hohen Hände ab. Sie begünstigen zum einen die gewünschte Festigkeit der Handgelenke und zum anderen eine eher geradlinige Schwungebene (1). Tiefe Hände (2) verhindern eher erfolgreiches Putten.

Bevor wir uns den beiden nächsten technischen Gesichtspunkten des Puttens zuwenden, sollten Sie einmal mehr überprüfen, was Ihnen das Ganze bisher gebracht hat. Zweierlei müßte dabei herausgekommen sein: Ihr Gefühl hat sich verbessert. Während Sie die beschriebenen Übungen durchexerziert haben, sollte sich schon das Empfinden eingestellt haben, daß für Sie das Putten einfacher wird. Und Sie sollten mehr Zutrauen zu sich gewonnen haben, weil die Fehlerquote zusehends kleiner wird. Immer noch haben wir ja unsere Zieleinrichtung nicht verlassen, so daß unsere Schläge auf geradeaus programmiert sind. Aus der eingenommenen 3 m-Distanz fällt es Ihnen jetzt schon auffallend leichter, die Ziellinie, also die Linie, auf der der Ball zum Loch rollt, zu identifizieren.

1

2

Sie trauen sich inzwischen eine höhere Trefferquote zu (spielen Sie ruhig mit Ihrem Trainingspartner ein paar Mark aus), weil Sie bereits sehr viele Putts hinter sich haben, sich das Feilen an Ihrer Technik schon zu lohnen beginnt, und vor allem, weil Sie das Herumexperimentieren mit den verschiedenen technischen Anleitungen schon so etwas wie einen eigenen Weg hat finden lassen: »So geht's für mich am besten, so fühl' ich mich beim Putten am wohlsten. Bei dieser Körperhaltung kann ich mich am ruhigsten halten, und immer, wenn mir dies gelingt, fällt auch der Putt.« So oder ähnlich mögen Sie vielleicht gedacht haben, und wir möchten Ihnen von dieser Stelle aus versichern, daß Sie sich damit auf dem goldrichtigen Weg zu einem guten Putter befinden.

Ein Wort noch zum zeitlichen Aufwand. Wir gehen nicht davon aus, daß Sie sich die Technik des Puttens sozusagen in einem Schnellschußverfahren aneignen wollen. Sicherlich können Sie nach der Lektüre dieser Zeilen auf das Puttinggrün eilen und alles in, sagen wir, drei Stunden für sich ausprobiert haben. So schnell sich dabei Erfolge einstellen werden, so schnell werden Sie diese auch wieder verlassen. Ihre gesamte Lernstrategie muß daher langfristig angelegt sein. Der Spannteppich im Winter bietet doch geradezu ideale Voraussetzungen! Nur wenn Sie sich immer wieder mit den einzelnen Facetten des Puttens auseinandersetzen, wird es Ihnen schließlich gelingen, Ihr

Putten so im Griff zu haben, daß Sie, wenn es einmal schlecht läuft – und das tut es ja periodisch –, den Fehler schnell analysieren und Abhilfe schaffen können.

Im Zuge dieses Lernprozesses werden Sie sich davon überzeugen, daß erfolgreiches Putten seinen Ursprung im Kopf hat. Der Kopf muß Ihnen sagen, daß Sie ein guter Putter sind, und Ihnen damit jenes Selbstvertrauen in Ihre Fähigkeiten geben, daß Sie auch in der größten Hitze des Gefechtes ein guter Putter bleiben. Dieses Selbstvertrauen aber stellt sich nur ein, wenn Sie sich so lange und ernsthaft mit dem Putten beschäftigt haben, daß Sie letztendlich sowohl Ihr Bewußtsein als auch Ihr Unterbewußtsein überzeugt haben, daß Sie das Putten tatsächlich beherrschen. Das Geheimnis Ihres Erfolges besteht also darin, über das Erlernen der *Basics* zu einem wiederholbaren Schlag zu kommen, in diesen Vertrauen zu haben und dann, wenn Sie das Grün richtig gelesen haben, einzulochen.

Ansprechhaltung

Kommen wir zur bisher noch nicht erwähnten Ansprechhaltung. Die meisten Golfspieler sind sich bewußt, daß die korrekte Ansprechhaltung (*Posture*) für ihre vollen Schläge von großer Wichtigkeit ist. Was viele nicht wissen oder nicht wissen wollen: Auch für das Putten ist sie von Bedeutung. Ganz gleich, ob Sie nun parallel aufs Ziel ausgerichtet daste-

27

hen oder leicht offen, entscheidend in der Körperhaltung ist eine **konstant gehaltene Wirbelsäule während der gesamten Puttaktion.** Ein konstanter *Spine angle,* wie das in der Fachsprache heißt, ist eine wesentliche Voraussetzung für Wiederholbarkeit. Studieren Sie die Abbildungen 20 und 21: Das Putten aus den Schultern heraus, wie wir es empfohlen haben, wird im wesentlichen durch die Schultermuskulatur gesteuert. Um den Schultern und Armen jene freie Beweglichkeit zu geben, die sie für ein

gutes Zusammenspiel benötigen, sollten Sie beim Ansprechen des Balles wie folgt vorgehen: Beugen Sie Ihre Knie ein wenig, strecken Sie Ihr Hinterteil betont nach hinten, und neigen Sie sich dann in den Hüften nach vorn, bis Ihre Arme frei nach unten hängen. Wenn Sie jetzt den Putter in die Hand nehmen, bildet er praktisch die Verlängerung Ihrer Arme. Der absolut stillgehaltene Körper stellt sicher, daß Sie den Ball genau so treffen können, wie Sie das durch die Ansprechhaltung festgelegt haben.

Abb. 20 Eine erfolgversprechende Ansprechhaltung: Die Ellenbogen haben Körperberührung, beide Hände sind square zum Ziel. Der Ball liegt im Bereich vor dem linken Fuß, und das Körpergewicht favorisiert die linke Seite.

Abb. 21 Während des gesamten Puttschwungs bleibt die Wirbelsäule in der einmal eingenommenen Stellung. Die »hohen« Hände führen dazu, daß der Schlägerschaft und die Unterarme quasi eine Linie bilden.

1   2   3

Betrachten Sie sich im Spiegel und schenken Sie Ihre Aufmerksamkeit besonders Ihren Ellenbogen. Deren Verhältnis zum Körper sollte in etwa so aussehen, wie die Abb. 22 zeigt. Versuchen Sie, ohne sich zu verkrampfen oder daraus eine unnatürliche Bewegung werden zu lassen, die Ellenbogen so nah am Körper zu halten, daß sie sich während der Puttbewegung quasi vom Körper geführt fühlen dürfen – ein zusätzliches Stabilisierungsmoment. Bei der Übung mit dem eingeklemmten Schirm haben Sie dieses anzustrebende Ellenbogengefühl sicherlich schon erfahren.

Abb. 22 Nicht zu eng anliegend (1) und nicht zu weit ausgestellt (2) sollte die Haltung der Ellenbogen sein. Sie werden so nah am Körper gehalten, daß dieser sie während des Puttschwungs stabilisieren kann (3).

Zielen

Bis jetzt haben Sie sich das Zielen und genaue Ausrichten durch die ausgelegten Schläger abgenommen. Jetzt wollen wir das Ganze ohne dieses Hilfsmittel versuchen. Leider wird Ihre bisherige Erfolgsquote dabei

ziemlich in die Knie gehen. Das war von Anfang an so beabsichtigt, denn auf diese Weise wird Ihnen bewußt, wie wichtig korrektes Zielen ist. Es bedarf besonderer Aufmerksamkeit, allein schon deshalb, weil Ihr Zielpunkt mit 10,8 cm Durchmesser nicht gerade groß ist. Es genügt daher nicht, den Ball irgendwie anzusprechen und dann den Putter so zu manipulieren, daß er mehr schlecht als recht in Richtung Ziel weist. Leider ist dies aber bei einer Vielzahl von Spielern zu beobachten, die sich der Schwierigkeit erfolgreichen Puttens nicht bewußt sind.
Halten Sie den Putter mit der rechten Hand und richten Sie das Schlägerblatt auf das Ziel aus. Ihren sich ge-

29

Putten

Abb. 23
Alles ist in
gerader Linie
zum Ziel aus-
gerichtet.

nau über der Ziellinie befindenden Kopf drehen Sie jetzt so auf das Loch zu, daß Sie die Ziellinie überprüfen können. Sind Sie überzeugt, daß Ihr Schläger exakt aufs Ziel weist, dann greifen Sie den Putter mit beiden Händen und nehmen Ihre Ansprechhaltung ein (Abb 24). Wenn jetzt Ihre **Schultern, Hüften und Füße parallel zur Ziellinie** ausgerichtet sind, erhöhen sich Ihre Chancen beträchtlich, den Ball einzulochen.

Die meisten Spieler bedienen sich beim Ausrichten ihres Putters aufs Loch eines sog. Zwischenziels. Etwa 20 cm vor dem Ball wird ein auffälliger Punkt im Gras anvisiert, der auf der Ziellinie liegt. Auf dieses Zwischenziel wird dann der Putter mit seiner markierten Zieleinkerbung ausgerichtet. Der Vorteil liegt darin, daß jetzt die Visiereinrichtung näher zusammengerückt ist, was erfolgreiches

Abb. 24 Puttroutine: Sprechen Sie den Ball mit dem Sweet spot des Schlägers an (1). Visualisieren Sie die Linie zum Ziel (2). Nehmen Sie die Ansprechhaltung ein (3).

1

2

3

1

2

Abb. 25
Das Putten
über ein sog.
Zwischen-
ziel ist eine
Empfehlung,
die Sie von
allen guten
Puttern hören
können.

Zielen wahrscheinlicher macht (Abb. 25). Schlagen Sie jetzt den Ball über das Zwischenziel. Verfehlen Sie das Loch, obwohl Sie das Zwischenziel getroffen haben, dann haben Sie entweder falsch gezielt oder das Grün falsch gelesen. Da wir ja immer noch auf gerader Fläche putten, dürfte letzteres eher nicht zutreffen. Wenn Sie das Zwischenziel nicht treffen, dann haben Sie im Schlag einen Fehler gemacht. Aber ein mißglückter Schlag ist so lange keine Tragödie, als Sie aus ihm lernen.

Vielleicht verhilft Ihnen das zu besserem Zielen (Abb. 26): Norden Sie den Ball mit Hilfe seiner Beschriftung genau auf das Loch ein. Das ist erfahrungsgemäß bei Entfernungen bis zu 10 m durchaus möglich. Versuchen Sie den Ball so zu treffen, daß die Markierung Ihres Putters genau hinter der Schrift auf den Ball trifft. Probieren geht über studieren.

Abb. 26
Viele Spitzen-
spieler
machen sich
den Schriftzug
auf ihrem
Ball zunutze.
Er eignet sich
zum Zielen.

31

Abb. 27
Auch so läßt
sich die exakte
Linie zum Loch
sehr gut
erkennen.

Eine *square* aufs Ziel ausgerichtete
Schlagfläche läßt sich auch, wie in
Abb. 27 gezeigt, bewerkstelligen.
Die *Sweet spot*-Markierung weist dabei genau auf den Zielpunkt.
Noch ein Wort zum Ausrichten auf
das Ziel: Die Mehrheit der guten
Spieler empfiehlt, sich absolut parallel zur Ziellinie auszurichten, weil sie
sich von einer alle Körperteile erfas-
senden Symmetrie die größten Erfolgsaussichten verspricht. Putten sei
schwierig genug, da muß man sich
die Dinge, die dazu gehören, so einfach wie möglich gestalten.
So die Argumentation. Nick Faldo
etwa plädiert für eine solche strenge
Symmetrie. Aber es gibt auch Leute
wie Fred Couples oder Sandy Lyle,
die für einen eher offenen Stand sind,
weil, wie sie sagen, dies einen besseren Blick aufs Ziel zuließe. Die Füße,
Knie und Hüften sind dabei ein wenig nach links vom Ziel ausgerichtet.

Die Schultern aber bleiben parallel!
Finden Sie die für Sie beste und am
meisten Erfolg versprechende Ansprechhaltung. Was Sie darunter zu
verstehen hätten, werden Sie jetzt
vielleicht fragen? Ihr gesamtes Putten
sollte – bei aller Beschäftigung mit
technischen Aspekten – immer unter
der Maßgabe erfolgen, daß Ihnen
alles, was Sie tun, ein gutes Gefühl
gibt. Alles muß für Sie, nachdem Sie
mit den obligatorischen Anfangs-
schwierigkeiten zu Rande gekommen
sind, relativ einfach sein und Ihren
natürlichen körperlichen Voraussetzungen entgegenkommen. Es muß
sich gut anfühlen und natürlich von
Erfolg gekrönt sein. Die leiseste Ver-
krampfung und das Gefühl, sich vor
einem Putt irgendwie unwohl zu
fühlen, kann nur zum Mißerfolg
führen. So jedenfalls hat es Severiano
Ballesteros einmal ausgedrückt, als er
nach dem wichtigsten Kriterium des
Puttens gefragt wurde.

Treffgenauigkeit

Getreu dem Motto, das Beste immer
zum Schluß, kommen wir jetzt zum
Treffen des Balls. So einfach und
doch so schwierig! Es geht im folgenden um die Treffgenauigkeit. **Im Treffmoment** nämlich **muß das Schlägerblatt senkrecht zur Ziellinie auf den
Ball treffen**, und weil das meist schon
schwierig genug ist, muß der Ball
auch noch mit dem ***Sweet spot*** getroffen werden. Das ist jener Punkt auf
der Schlagfläche, der markiert ist

Abb. 28 So wird der Ball genau in seinem Äquator und mit dem Sweet spot des Schlägers getroffen. Diese Kombination sollten Sie als Ziel immer im Auge behalten. Das Geheimnis guten Puttens liegt zu einem Gutteil hierin begründet.

(Abb. 28). Versuchen Sie diesen *Sweet spot* zu erfühlen, indem Sie beim Rückschwung diese Markierung mit den Augen fixieren, um sie dann genau in die Ballmitte hineinzuführen. Ihr Kopf darf sich dabei ruhig einmal bewegen. Bei dieser Übung bekommen Sie ein Gefühl dafür, was es heißt, **Ballkontakt im Zentrum des Schlägers** zu haben. Sattes Treffgefühl ist der Ausdruck, der da meist zu hören ist.

Testen Sie auch, wie schlecht sich alles anfühlt, wenn Sie (bewußt) nicht mit dem *Sweet spot* treffen. 90% Ihres Putterfolgs, das haben wissenschaftliche Versuche gezeigt, hängen davon ab, in welcher Position sich das Schlägerblatt im Treffmoment befindet. Nur 10% beträgt der Einfluß der Schwungebene. Das ist fürs erste

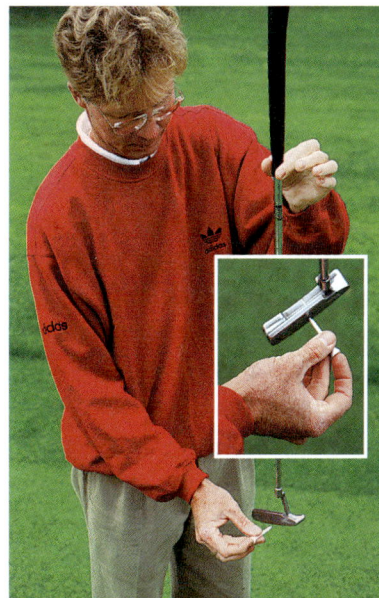

Abb. 29
Der Sweet spot ist jener Punkt auf Ihrem Putter, in dem der Schlägerkopf, wenn man ihn mit einem Tee abklopft, auf dieses Abklopfen weder durch Abdrehen noch durch Ausweichen reagiert.

33

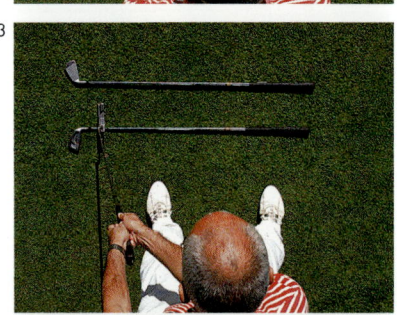

so eigentlich gar nicht zu erwarten (vor allem im Vergleich zum vollen Schwung), zeigt aber, welch überragende Bedeutung der Kontrolle des Schlägerkopfes zukommt. Beschäftigen Sie sich daher genauestens mit der Stellung des Schlägerblatts vor, während und nach dem Treffmoment. Auf diese Weise erarbeiten Sie sich maximale Kontrolle, und als logische Folge verbessern sich auch Ihre Ergebnisse.

Nur bei ganz kurzen Putts wird der Schläger in gerader Linie zurück- und auch wieder vorgeschwungen. Ansonsten folgt der Schlägerkopf durch unsere Anatomie bedingt im Rück- und Vorschwung einem ellipsenförmigen Bogen.

Wie aus Abb. 30 ersichtlich, befindet sich der Schlägerkopf dabei nicht immer in *squarer* Position. Zwar möchte man glauben, daß der Putter, wenn sich die Schultern und Arme zurück- und vorbewegen, dieser einfachen Pendelbewegung ohne weiteres folgt, beim Rückschwung sich also von der Ziellinie leicht wegdreht, dann während des Vorschwungs genau

Abb. 30 Der korrekte Weg des Putters. Der Schlägerkopf bleibt square (1+2) und ist beim Vorschwung betont auf das Ziel ausgerichtet (3). Sie erkennen das, wenn Sie auf die Markierung des Putters achten. Durch das immer wieder betonte »rechte Schulter herunter« wird diese Bewegung begünstigt. Geben Sie dem Putterkopf zuviel Gelegenheit, sich nach innen zu drehen (4), ist es um die dauerhafte Präzision geschehen.

square den Ball trifft, um sich schließlich wieder leicht von der Ziellinie wegzudrehen.

De facto aber schaut das Ganze etwas anders aus. Weil die linke Hand beim Greifen des Putters sehr viel mehr nach links gedreht wird als beim vollen Schwunggriff, verhält sich das Schlägerblatt des Putters im Schwung so, wie das in Abb. 30/3 dargestellt ist. Der linke Handrücken kann jetzt das Schlägerblatt während des Vorschwungs relativ lange genau aufs Loch ausgerichtet halten.

Dies erweist sich, wie Sie beim Üben sehr schnell erkennen werden, von nicht zu unterschätzendem Vorteil. Erstens nämlich wird im Treffmoment sehr viel sicherer die *square* Schlägerposition erreicht, und zweitens wird ganz nachhaltig der Versuchung vorgebeugt, die Handgelenke aktiv ins Spiel zu bringen; das letzte, was Ihnen bei der von uns empfohlenen Putt-Technik passieren sollte. Jede Kontrolle geht damit verloren oder wird zumindest schwierig.

Zusammengefaßt: Obwohl der Putter bei seiner Gesamtbewegung einen ellipsenähnlichen Radius beschreibt, bleibt der Putterkopf bei seiner Bewegung nach vorne betont auf das Ziel ausgerichtet. Versuchen Sie in sich das Gefühl zu entwickeln, daß Sie mit der rechten Hand und dem rechten Unterarm den Schlägerkopf gerade aufs Ziel schieben, und stellen Sie dabei immer wieder sicher, daß der Schlägerkopf mit seiner Markierung solange es geht aufs Ziel zeigt.

Abb. 31
Dieser neunjährige Junge macht schon fast alles richtig.

Gutes und vor allem gleichmäßiges Treffen des Balles hat neben einer Reihe von anderen Dingen auch einen guten Stand zur Voraussetzung. Ob Sie sehr nahe am Ball stehen, ob Sie sich zum Putten eher gebückt oder aufrecht hinstellen, bleibt mehr oder weniger Ihnen überlassen. Auch ob Sie breitbeinig stehen oder einen engen Stand wählen, sollte einzig und allein eine Frage Ihres persönlichen Sichwohlfühlens sein. Versuchen Sie während Ihrer Arbeit auf dem Puttinggrün die Kombination herauszufinden, die Ihnen am meisten zusagt und die sich für Sie am besten »anfühlt«. Ein Tip dazu: Bei starkem Wind empfiehlt sich ein etwas breiterer Stand, damit Sie dem möglichen Schwanken Ihres Körpers besser Paroli bieten können. Ein breiterer Stand bedeutet größere Stabilität. Zögern Sie nicht, in bestimmten Situationen davon Gebrauch zu machen.

Wo liegt der Ball?

Noch kein Wort haben wir über die Lage des Balls verloren. Wo sollte er sich befinden, wenn Sie ihn ansprechen? Sie haben ja jetzt schon geraume Zeit geübt und sich dabei bewußt oder unbewußt mit der Ballposition beschäftigt, vielleicht schon das Gefühl entwickelt, aus welcher Lage heraus Sie den Ball am besten treffen.

Trotzdem sollten Sie wissen, daß der Ball nach Meinung aller guten Putter und auch namhafter Lehrer immer von einer Stelle im Umkreis des linken Fußes gespielt werden sollte. Ob das nun knapp links von der Mitte Ihres Standes aus oder auf Höhe der linken Ferse geschieht, hängt wiederum von Ihrer Einschätzung ab, wie Sie den Ball am besten treffen können. Experimentieren Sie ruhig ein wenig mit

Abb. 32
Geschafft!
Bernhard
Langers Ball
verschwindet
im Loch.

der Ballposition und beobachten Sie, wie der Ball rollt, wenn Sie ihn aus unterschiedlicher Lage treffen. Mit der Ballposition hat es nämlich zu tun, ob Sie Ihren Ball von oben, am tiefsten Punkt des Schwungbogens oder bereits wieder leicht im Durchschwung treffen.

Im Bemühen, den Ball von Anfang an sicher auf der vorbezeichneten Linie rollen zu lassen, haben die Spitzen-

spieler unterschiedliche Techniken des Balltreffens entwickelt. Die einen, wie etwa Gary Player oder Isao Aoki, versuchen, den Ball immer von oben zu treffen, damit er, weil stets hart geschlagen, die notwendige Autorität hat, strikt die Linie zu halten. Bei dieser Technik von oben nach unten springt der Ball nach dem Treffen leicht etwas hoch, anstatt von Anfang an richtig zu rollen. Gerade dieses richtige Losrollen haben all jene Spieler im Auge – Bernhard Langer etwa zählt dazu –, die den Ball erst im Durchschwung treffen wollen. Der Ball bekommt dabei ein wenig Topspin, so daß er förmlich am Boden klebt. Jack Nicklaus dagegen war immer ein strenger Verfechter von Putts, die exakt am tiefsten Punkt des Schwungbogens getroffen werden. Und er ging so weit zu behaupten, daß exaktes Treffen des Balls überhaupt nur aus dieser Position heraus möglich sei. Sie sehen, die Meinungen und die daraus abgeleitete Spieltechnik gehen im richtigen Golfleben weit auseinander.

Auch bei der Entscheidung dieser Frage sind Sie auf sich allein gestellt. Nur fortwährende Beschäftigung mit dem Putten und das gewissenhafte Beobachten, wie sich der Ball auf dem Grün verhält, wird Sie letztlich entscheiden lassen, wie Sie den Ball ansprechen sollten und wo er genau liegen muß, damit Sie ihn exakt so treffen können, wie Sie es sich vorgenommen haben. Bei Altmeister Paul Runyan mußte der Ball immer vor der linken großen Zehe liegen.

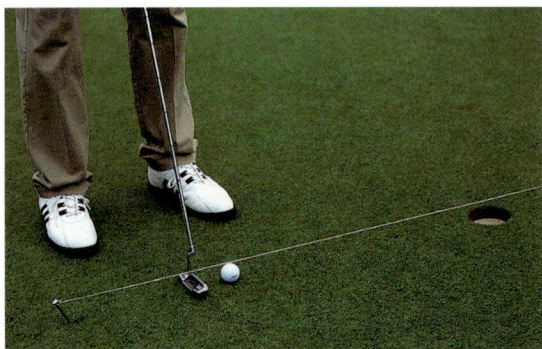

Abb. 33 So lernen Sie, den Putter beim Rück- und Vorschwung stets nahe am Boden zu führen.

Wenn Sie die Spitzenspieler bei Turnieren oder im Fernsehen beobachtet haben, so ist Ihnen als Gemeinsamkeit aufgefallen, daß alle den Kopf völlig ruhig, ja geradezu starr halten und auch der gesamte Körper wie betoniert dasteht. Es gibt darüber hinaus ein weiteres gemeinsames Kriterium – eins allerdings, was sich nicht so ohne weiteres erkennen läßt, sondern sich meist erst dann offenbart, wenn man schon Bescheid weiß. Schauen Sie also das nächste Mal genau auf den Putterkopf und versuchen Sie zu erkennen, wie **flach** er im Rück- und Vorschwung über das Gras geführt wird. Vor allem bei kurzen Putts hat man den Eindruck, daß der Putter keinen Millimeter angehoben wird, das Gras förmlich bürstet. Abb. 33 zeigt dazu eine Übung, die Sie unbedingt in Ihr Trainingsrepertoire aufnehmen sollten. Das flache Führen des Schlägerkopfes unter der Schnur sichert insofern exaktes Treffen des Balles, als Sie der Versuchung widerstehen müssen, den Schläger zu sehr anzuheben, sich aufzurichten, sprich alle möglichen Aktivitäten und Puttunarten ins Spiel zu bringen. Pendeln aus den Schultern heraus ist angesagt, und die Schnurübung bietet da prächtigen Vorschub.

Bevor wir uns im weiteren Verlauf einer Reihe neuer Gesichtspunkte des Puttens zuwenden, wollen wir zusammenfassen, was für Sie wichtig, ja geradezu unerläßlich ist, und was Sie sozusagen als Grundstock in Ihr Puttleben integrieren müssen:

1. Zielen Sie. Putten ist Präzisionsarbeit. Richten Sie Ihren Körper aus. Entwickeln Sie vor jedem Putt die klare Vorstellung, auf welcher Linie der Ball aufs Loch zuläuft und schließlich hineinfällt.

2. Das Schlägerblatt muß *square* zur Ziellinie sein. Entscheidende Voraussetzung dafür ist Ihr Griff, ein fester linker Handrücken und das absolute Stillhalten des ganzen Körpers.

3. Der Puttschlag versteht sich als ein Pendeln aus den Schultern heraus, wobei das Körperdreieck – aus Schultern, Armen und Schläger gebildet – die ganze Zeit über absolut unverändert bleibt. Die »Regenschirmübung« (siehe S. 21) gibt Ihnen das beste Gefühl dafür, wie der Puttschwung abzulaufen hat.

Was wir noch wissen sollten

Jetzt wie angekündigt zu einer Reihe hilfreicher Tips, die in regelmäßigen Abständen den Fachzeitschriften zu entnehmen sind, weil sie sich offenbar für viele Rat suchende Spieler von Vorteil erwiesen haben.

Stellt sich bei Ihnen zum Beispiel heraus, daß Ihre besondere Schwachstelle die richtige Abschätzung der Distanz ist, daß Sie einmal zu kurz, dann aber wieder zu lang sind, so hilft Ihnen womöglich folgendes:

Sprechen Sie Ihren Ball an und schauen Sie dann während des gesamten Puttschwungs unverwandt aufs Loch. Sie werden dabei nicht nur staunen, wie gut Sie den Ball treffen – obwohl Sie ihn gar nicht im Auge haben –, sondern vor allem auch, wie schnell sich Ihr Gefühl für die richtige Länge entwickelt. Sie trainieren sozusagen Ihr Distanzgefühl, und eine halbe Stunde wirkt hier geradezu Wunder (Abb. 34).

Um den Schlägerkopf möglichst lange *square* zur Ziellinie zu halten, sollten Sie sich einen relativ kurzen und geraden Putt vornehmen und dann den Ball ins Loch schieben – ohne allerdings sich der Unterstützung des Rückschwungs zu bedienen (Abb. 35). Sie fördern dabei gezielt die Technik, den Ball mit der rechten Hand und dem rechten

Abb. 34
Starren Sie unverwandt auf Ihr Ziel – nicht auf den Ball. Das Distanzgefühl, das Sie schon nach wenigen Schlägen entwickeln, wird Sie sehr erstaunen.

Abb. 35
Am Anfang etwas irritierend, aber dennoch als Übung sehr wirkungsvoll: der ins Loch geschobene Putt.

39

Unterarm ins Ziel zu führen. Haben Sie bei dieser Übung Ihre Markierung auf dem Schlägerblatt im Auge. Sie muß immer *square* sein.

Beim Ansprechen des Balls wird von vielen Spielern propagiert, den Schlägerkopf nicht unmittelbar hinter den Ball zu plazieren, sondern etwa im Abstand von einem oder zwei Zentimetern. Das ermöglicht, die Augen besser auf jene Stelle des Balls zu konzentrieren, die getroffen werden soll.

Was den unmittelbaren Beginn des Puttschwungs anlangt, so empfiehlt sich, wenn Sie nicht schon einen eigenen Auslöser gefunden haben, der *Forward press*. Hierbei wird der Schläger mit den Händen deutlich nach vorn gekippt und mit Hilfe dieser Bewegung, so paradox es klingt, der Rückschwung eingeleitet. Der *Forward press* ist bei einer Vielzahl von Spitzenspielern zu beobachten. Sie kommen, sagen sie, damit besser in eine fließende Schwungbewegung hinein.

Manche Pros heben beim Ansprechen den Putter an. Man könne, so argumentieren sie, bei einem Schwung, bei dem Präzision oberstes Gebot ist, nicht zwei Bewegungen zugleich machen, nämlich den Putter hochheben und auch noch zurückschwingen. Hier müsse eine deutliche Trennung erfolgen, um eine ungestörte Pendelbewegung in Gang zu setzen.

Haben Sie während des Puttens einmal auf Ihre Hände geachtet – speziell darauf, wie fest Sie den Schläger greifen? Hier kann die Empfehlung nur lauten, den Schläger mit einem betont leichten Griff in den Händen zu halten. Fred Couples etwa sagt, er sei sicher, daß nichts für das Putten schädlicher ist, als den Schläger mit einem zu festen Griff zu schwingen. Mit beiden Händen sollte der Schläger so locker gehalten werden, daß er Ihnen gerade nicht aus der Hand fällt. Ein zu fester Griff ist kontraproduktiv, was den geforderten weichen und fließenden Schwung anlangt.

Sicherlich werden auch Sie sich bei Ihrer Beschäftigung mit dem Putten einen Probeschwung zur Angewohnheit machen. Möglicherweise werden Sie wie die meisten anderen Spieler auch nach dem Probeputt Ihren Griff lockern, um den Schläger erst dann richtig zu greifen, wenn Sie tatsächlich loslegen wollen. Greg Norman hält das für nicht gut. Er verändert nach eigener Aussage an seinem Griff zwischen Probeputt und tatsächlichem Putt absolut gar nichts. Bei den normalen Golfschlägen macht er es übrigens genau andersherum. Da lockert er den Griff nach dem Probeschwingen ganz bewußt, um sich durch das erneute Greifen des Schlägers auf den bevorstehenden Schlag gezielt einzustimmen. Ein Schlüssel für gutes Putten sei, den Probeschwung nicht nur einfach so zu machen, sondern den eigentlichen Schlag in all seinen Feinheiten vorwegzunehmen. Und nur wenn sich dabei der Griff nicht ändert, bliebe das Gefühl in den Händen. So seine Überzeugung.

Wenn Sie einmal auf dem Puttinggrün Ihres Clubs sich die Körperhaltungen Ihrer Mitspieler genauer anschauen, so können Sie zuweilen große Unterschiede feststellen. Manche stehen extrem aufrecht, andere bücken sich fast übertrieben zum Ball hinunter. Es ist ein bißchen so wie beim Zwirneinfädeln ins besagte Nadelöhr. Einige haben dabei die Nase fast am Öhr, andere können das nur bei ausgestrecktem Arm. Es dürfte für uns alle zutreffen, daß wir in unserem Blickfeld einen bestimmten Bereich haben, wo ein Gegenstand, den wir genau fixieren, am schärfsten wahrzunehmen ist (Abb. 36). Diese anatomische Gegebenheit hat auch für das Putten Bedeutung. Der Ball sollte unbedingt im persönlichen optischen Brennpunkt liegen. Das Bemühen um diesen Brennpunkt führt wohl instinktiv zu den unterschiedlichen Ansprechhaltungen. Eine wichtige Überlegung für Sie sollte sein, wenn Sie sich um Ihren persönlichen Puttstil bemühen, aus welcher Höhe Sie den Ball oder besser noch seine Beschriftung am schärfsten ins Auge bekommen. Nach der so gefundenen Ansprechhaltung richtet sich im übrigen dann auch die Länge Ihres Putters. Zögern Sie nicht, der Beantwortung dieser Frage ausreichend Zeit einzuräumen.

Als ungemein hilfreich für Sie könnte sich auch ein Tip aus der Trickkiste des berühmten englischen Golfjournalisten Peter Dobereiner erweisen. Er sagt, daß in vielen Fällen über Wohl und Wehe einer Golfrunde schon auf dem Puttinggrün vor Spielbeginn entschieden wird. Auch für Sie wird es zum Turnieralltag gehören, daß Sie eine Viertelstunde vor Ihrem Abschlag noch schnell zum Putten gehen. Dies geschieht meist zur Beruhigung des Gewissens oder der Ordnung halber. Was jetzt passiert – dessen sollten Sie sich bewußt sein, hat es doch entscheidende Folgen für die Runde –, kann dazu führen, daß Sie Ihr Selbstvertrauen

Abb. 36
Hier kopiert Achim Steinfurth die Ansprechhaltung von Jack Nicklaus. Auffallend ist, wie tief gebeugt er über dem Ball steht. Er scheint den Ball mit den Augen förmlich aufzusaugen.

41

vollständig verlieren. Stellen Sie sich vor, alle Ihre Putts sind von miserabler Qualität. Nicht einer fällt. Mit welcher inneren Einstellung gehen Sie jetzt auf die Runde? Ein einfaches Mittel beugt hier vor: **Putten Sie nicht aufs Loch.** Bemühen Sie sich lediglich um einen harmonisch fließenden Schwung oder konzentrieren Sie sich nur darauf, Ihren Kopf absolut stillzuhalten. Passen Sie des weiteren auf, wie der Ball rollt. Sie bekommen damit das Gefühl dafür, wie schnell die Grüns am jeweiligen Tag sind. Auf jeden Fall aber tun Sie alles, damit Ihr Selbstvertrauen keinen Schaden nimmt.

Abb. 37
Das Geheimnis von Bergab-Putts auf schnellen Grüns: den Ball mit der Schlägerspitze treffen!

Was machen Sie, wenn Ihr Ball auf einem teuflisch schnellen Grün zu lang ist und Sie jetzt mit einem Rückputt konfrontiert sind, der noch dazu ziemlich steil bergab geht? Sie wissen genau, daß bei zu hartem Zuschlagen der Ball sonstwo liegt, nur nicht in Fahnennähe, so

daß Sie womöglich mit einer Reihe weiterer Putts rechnen müssen. Weil Sie die Gefahr sehen, den Ball nur nicht zu lang werden zu lassen, tippen Sie ihn lediglich an und lassen ihn prompt zu kurz. Die Folge ist, daß Sie mit dem gleichen Problem ein zweites Mal konfrontiert sind. Das Geheimnis ist, den Ball mit der Putterspitze zu treffen, nicht im *Sweet spot!* Sie sollen ihn jetzt so hart schlagen, wie wenn Sie auf ebener Oberfläche putten, ihn hier aber im *Sweet spot* treffen würden. Der Erfolg wird Sie positiv überraschen.

Natürlich müssen Sie auch solche Schläge immer wieder üben. Ist Ihr Gefühl dafür aber erst entwickelt, können Sie trotz der üblen Hanglage Ihren Putter ganz normal schwingen (Abb. 37).

Lassen Sie uns noch einmal auf den Puttschwung zurückkommen. Ganz entscheidend für den gelungenen, sprich erfolgreichen Puttschwung wird gehalten, daß man im Treffmoment exakt wieder zu seiner Ansprechposition zurückkehrt. Schauen Sie sich daraufhin alle unsere Bildserien an und auch jene, die Ihnen von den Spitzenspielern vorliegen. Am ehesten gelingt dies, wenn Sie sich während des gesamten Schwungs darum bemühen, ganz entspannt zu bleiben. Vermeiden Sie ruckhafte Bewegungen. Rhythmisch und fließend soll der Schläger geschwungen werden. Eine Reihe von Spielern sehen es als hilfreich an, wenn sie beim Putten zählen: während des Rückschwungs eins und beim Vorschwung zwei. Bewährt hat sich auch bewußtes Ein- und Ausatmen als Rhythmusgeber. Das hilft, die Länge und das Tempo sowohl im Rückschwung als auch im Vorschwung fein zu timen. Vielleicht können auch Sie etwas damit anfangen.

Sehr unterschiedlich sind die Ansichten darüber, wie lang oder kurz der Rück- und der Vorschwung zu sein hat oder in welchem Verhältnis die beiden Distanzen zueinander stehen sollen. Fred Couples, der von sich sagt, daß er beim Putten sehr viel Gefühl einbringt, empfiehlt, Rück- und Vorschwung stets gleich lang zu halten, wodurch er sichergestellt sieht, daß das Tempo des »Pendels« konstant bleibt. Man beuge damit der in jedem von uns vorhandenen Neigung vor, beim Vorschwung auf den Ball zu schlagen. Jede Präzision gehe auf diese Weise verloren.

Gute Gründe für ihre Methode haben aber auch die Verfechter eines eher kurzen Rückschwungs, an den sich dann ein deutlich längerer Durchschwung anschließt. Der Rückschwung soll nur gerade so lang sein, daß man Schwung für die vor einem liegende Strecke holen könne. Pendele man weiter zurück, so setze man sich der Gefahr aus, vor dem Treffmoment instinktiv die Schlägerkopfgeschwindigkeit zu verlangsamen, weil man plötzlich Angst bekommt, zu lang zu werden. In der Tat ist »bremsen« vor dem Treffen mit das

Schlimmste, was Sie Ihrer Puttbewegung antun können. Sie sollen ganz im Gegenteil mit – wie es so schön heißt – Autorität durch den Ball gehen, um damit die exakte Richtung aufs Loch zu manifestieren. Auch in dieser Frage sollten Sie an einer Lösung arbeiten, die Ihnen am besten zusagt.

Tatsache ist, daß alle Spieler, die das Treffen des Balls noch nicht so verfeinert haben wie die Professionals, den Ball deutlich besser treffen, wenn sie nur verhältnismäßig kurz ausholen. Nicht so gut taxieren läßt sich mit dieser Technik erfahrungsgemäß die Länge. Die Distanzen zum Loch richtig abzuschätzen gelingt eher mit einem Schwung, bei dem die Amplitude des Pendels großzügig gewählt wird. Sie haben dies sicher erfüllt, als Sie Ihre Distanzputts mit dem Blick nur aufs Loch geübt haben. Kurz auszuholen – das Verhältnis von Rück- zu Vorschwung beträgt dann etwa 1:2 – empfiehlt sich bei langsamen und auch eher holprigen Grüns. Weil man den Ball, wie schon gesagt, besser trifft, erhöhen sich die Chancen, ihn auf der gewünschten Linie zu halten.

Wieviel Geschwindigkeit müssen Sie Ihrem Ball geben, um sich selbst die besten Erfolgsaussichten zu geben? Auch darüber gehen die Ansichten diametral auseinander. Vor allem sei wichtig, so die eine Seite, dem Ball stets soviel Fahrt zu geben, daß er bis zum Loch genau auf seiner Linie bleibt und nicht kurz davor irgendwelche *Breaks* annimmt, weil er zu langsam wird. Wissenschaftlich untersucht zeigt sich, daß ein Ball mit idealer Geschwindigkeit 40 cm über das Loch hinausläuft, wenn er es (wider Erwarten) verfehlt hat, ein ebener Putt vorausgesetzt. Der Rückputt dann stelle überhaupt keine Schwierigkeit dar, weil man ja beobachten konnte, ob und wie sich der Ball hinter dem Loch verhält. Sie haben längst erkannt, daß die Verfechter dieser Technik auch jene sind, die es mit der alten Golferweisheit »Never up, never in« halten oder, wie es scherzhaft auch heißt: »98 % aller zu kurzen Putts gehen nicht rein!« Andererseits warnen berühmte Autoren wie der legendäre Golflehrer Harvey Penick mit seinem *»Ever up, never in«* vor den chronisch zu langen Bällen. Die meisten Amateurspieler hätten sich, so sagt er, viel zu sehr den Gepflogenheiten der Spitzenspieler verschrieben, für die es bekanntlich immer nur um das unbedingte Einlochen geht. Als nicht so guter Spieler solle man sich bescheidener geben. Totlegen muß die Devise sein für alle Putts, die, sagen wir, länger als 2 m sind. Man habe sich immer um das Loch herum einen Kreis von etwas 1 m Durchmesser zu denken, in den der Ball hineinbefördert werden muß. Mit dieser Puttphilosophie nähere man sich viel erfolgreicher dem 2-Putt-Ziel (36 Putts pro Runde) als mit dem aggressiven Putten aufs Loch, das doch allzuoft den häßlichen 3-Putt zur Folge hat. Jack Nicklaus hat immer propagiert, daß der Ball so dosiert geschlagen werden muß, daß er quasi mit der letzten Umdrehung fällt. Und seine Begründung ist gut. Wenn nämlich ein Ball nur soviel Fahrt hat, daß er auf Höhe der Lochmitte zur Ruhe kommt, dann gibt man ihm die Chance, von vorne hineinzufallen gleichermaßen wie von beiden Seiten – vorausgesetzt, daß mehr als die Hälfte des Balls über dem Rand hängt. Ist der Ball zu schnell, läuft er trotz dieses Sachverhalts über das Loch hinaus. So gesehen wird Ihr Ziel jetzt relativ größer. Der Durchmesser des Lochs wird um eine Ballbreite einladender.

Belassen Sie es während Ihres Lernprozesses nicht beim Studium dieses Buches. Nutzen Sie die vielfältigen anderen Möglichkeiten. Suchen Sie Rat bei Ihrem Pro. Sicherlich kann dieser Ihnen sehr viel gezielter und auf Ihre individuellen Anlagen eingehend Rat geben. Bitten Sie ihn, darauf zu achten, daß Ihr Kopf ruhig bleibt, der Körper wie betoniert dasteht, sich nur die Schultern bewegen und die Handgelenke fest bleiben. Und nicht zuletzt natürlich, daß sich der Putter auf der gewünschten Linie bewegt. Nutzen Sie des weiteren die Möglichkeiten, die sich Ihnen durch Videoaufnahmen eröffnen. Wenn Sie sich selber kritisch beobachten können, werden Sie eine Reihe von Bewegungen oder Verhaltensweisen an sich feststellen, die Sie bisher nicht für möglich hielten. Im Golf ist es vielfach so, daß man überzeugt ist, etwas zu tun, was man de facto überhaupt nicht macht. Und umgekehrt. Eine Korrektur, so bei Ihnen erforderlich, wird um so erfolgreicher sein, je eindringlicher Sie sich von einem Übel durch Augenschein überzeugen können.

Abb. 38 Putten mit dem Wedge. So lernen Sie, den Ball richtig rollen zu lassen.

Sollten sich anläßlich solcher »checks« Schwierigkeiten Ihrerseits herauskristallisieren, den Ball so zu treffen, daß er von Anfang an gleichmäßig rollt, so könnte Ihnen vielleicht folgende Übung helfen. Versuchen Sie, den Ball mit der Vorderkante Ihres Wedges oder Sand Wedges zu schlagen (Abb. 38). Greifen Sie diesen Schläger weiter unten und konzentrieren Sie sich darauf, den Ball knapp über seinem Äquator zu treffen. Das Ganze natürlich mit einem Puttschwung. Das Hilfreiche dieser Übung ist, daß Sie jetzt gezwungen sind, einen flachen und rhythmischen Rückschwung zu machen, um anschließend den Ball erst dann zu treffen, wenn Sie den tiefsten Punkt Ihres Vorschwungs bereits hinter sich haben. Nur so nämlich wird es Ihnen gelingen, den Ball von Anfang an wirklich rollen zu lassen. Und das ist genau das, was Sie auch mit Ihrem Putter in der Hand erreichen sollten. Ganz deutlich wird Ihnen bei dieser Übung werden, wie wichtig der Rhythmus ist. Haben Sie nämlich Schwierigkeiten mit einer harmonischen Pendelbewegung, treffen Sie den Ball so schlecht, daß von gleichmäßigem Rollen keine Rede sein wird.

Schuldig sind wir Ihnen noch die Erklärung, wie Sie mit der von uns propagierten Technik den Ball über große Distanzen bewegen können. Sicherlich haben Sie schon festgestellt, daß sich bei festen Handgelenken und dem Putten nur aus den Schultern heraus größere Distanzen zunehmend schwierig bewältigen lassen. Noch dazu, wenn die Grüns recht stumpf sind. Bevor Sie nun jegliche Stabilität verlieren, weil Ihre Pendelbewegung zu ausladend wird, können Sie durchaus Ihre Handgelenke einsetzen. Schon sehr wenig Aktivität läßt Sie den Ball enorm viel weiter schlagen. Sie pendeln also wie gewohnt mit den Schultern und gebrauchen je nach Distanz zusätzlich Ihre Handgelenke. Die langen Putts sind ja in erster Linie sog. Dosisputts, wo Sie versuchen sollten, nur möglichst nahe ans Ziel zu gelangen. Da kommt es naturgemäß mehr auf die richtig abgeschätzte Länge an, und je

45

weniger Sie sich mit Ihrem Körper in den Schwung hineinlegen müssen, desto eher gelingt es Ihnen, den gewünschten Kurs zu halten. Bei kurzen Putts möchten wir noch einmal nachdrücklich davon abraten, die Handgelenke als Beschleuniger einzusetzen. Nur ganz, ganz wenige Spitzenspieler waren bisher mit dieser Methode erfolgreich.

Über die Kunst, Grüns richtig zu lesen, sprich trotz vieler Wellen und Unebenheiten erfolgreich zu putten, folgendes: Eben weil dies eine Kunst ist, ist sie nicht ohne weiteres zu vermitteln und schon gar nicht im Rahmen einer solchen Anleitung. Zum korrekten Lesen der *Breaks* braucht man jahrelange Erfahrung. Auf jeden Fall sollten Sie es sich zur Regel machen, den vor Ihnen liegenden Putt von zwei Seiten her anzuschauen, so wie Ihnen das alle guten Spieler vormachen. Sie stellen sich zum einen hinter Ihren Ball und taxieren die Linie zur Fahne, und Sie gehen auf die andere Seite des Lochs und blicken von gegenüber auf die mögliche Puttlinie. In den meisten Fällen werden Sie nach solchem Studium in der Lage sein, zumindest sagen zu können, daß der Ball gerade laufen, nach links oder rechts brechen oder aber bestimmt nicht dieses oder jenes tun wird. Manchmal leider ist es aber wie verhext. Da läßt sich keine Entscheidung finden, weil der Ball jeweils in die andere Richtung bricht, wenn man die Puttlinie von den zwei Seiten her betrachtet. Da hilft dann nur der Blick von der Seite – das ist der Moment, wo die Spitzenspieler eingehend den Bereich zwischen Ball und Loch studieren – oder aber, wenn auch das keine entscheidenden Erkenntnisse bringt, man muß sich für eine Variante entscheiden. Eine Situation, die den Putt zusätzlich schwierig macht, die aber Gott sei Dank nicht sehr häufig ist. Hilfreich kann sich erweisen, wenn Sie die Augen offenhalten, während Sie auf das Grün zugehen. Aus größerer Entfernung läßt sich oftmals die Generalneigung gut erkennen, d. h. die Einbettung in das umgebende Gelände. Augen auf also. Der Putterfolg kann schon vor Betreten des Grüns seinen Anfang nehmen.

Betrachten Sie sehr genau die Bälle Ihrer Mitspieler. Wie vor allem verhalten sie sich kurz vor dem Loch? Entscheidendes können Sie dabei für sich gewinnen. Erinnern Sie sich nur an den Eagle-Putt von Bernhard Langer während der letzten Runde der Masters 1993 am 13. Loch. Das war, so sein anschließender Kommentar, der für den Sieg letztendlich ausschlaggebende Schlag. Chip Beck, sein härtester Konkurrent, schob haarscharf rechts vorbei, weil der Ball im letzten Moment etwas *Break* angenommen hatte. Langer konnte aus dieser Beobachtung Nutzen ziehen, weil er mit einem ganz ähnlichen Putt konfrontiert war. Er lochte ein, und das ganze Spiel war von diesem Moment an zu seinen Gunsten entschieden.

Sozusagen als Schnellschuß hält Nick Faldo eine Methode bereit, die ihm immer geholfen hat, auch mit schwierigsten Grüns einigermaßen fertig zu werden. Er sagt, man solle **jeden Putt als geraden Putt behandeln.** Und dies völlig unabhängig davon, wie wellig und schieflagig der Weg zum Loch tatsächlich ist. Er meint folgendes: Man studiere den Weg aufs Loch, den der Ball voraussichtlich nehmen wird, und versuche herauszufinden, wo der Ball zum erstenmal bricht, also vom geraden Lauf abweicht. Auf diese Stelle wird gezielt und der Ball dann exakt auf diesen Punkt losgeschickt (Abb. 39). So wird wenigstens einigermaßen sichergestellt, daß der Putt nicht schon von Anfang an in die völlig falsche Richtung geht, wobei Faldo zu Recht darauf verweist, daß es bei den wirklich schwierigen Grüns für die Normalspieler weniger darum gehen kann, das direkte Einlochen im Visier zu haben. Vielmehr geht es um ein so erfolgreiches Annähern, daß das Ziel mit dem nächsten Schlag erfüllt wird. Nicht vergessen sollte man gerade bei dieser Aufgabe, daß der Geschwindigkeit des Balls sehr große Bedeutung zukommt. Je härter Sie zuschlagen, desto weniger nimmt Ihr Ball den *Break* an. Putten Sie dagegen weich und ängstlich, so weicht der Ball nicht selten geradezu verheerend von der vorbestimmten Linie ab. Also: Zielen Sie auf den ersten *Break*-Punkt, kümmern Sie sich nicht weiter um die sich anschließenden *Breaks*, sondern versuchen Sie, dem Ball nur

noch die ideale Geschwindigkeit zu geben, so daß er so nah am Loch zur Ruhe kommt, daß alles weitere kein Problem mehr ist.

Abb. 39 Markieren Sie sich die Punkte, die Sie bei Putts, die stark »brechen«, anspielen wollen.

Nicht genug betonen können große Putter die Notwendigkeit, sich auf die jeweilige Puttsituation richtig einzustimmen. Für viele wird das Verhalten vor dem Putten

47

geradezu zum Ritual. Nicht so sehr geht es dabei darum, daß einem festen Bewegungsschema etwa während des Zielens und Ansprechens des Balls gefolgt wird. Es geht in erster Linie um **Entscheidungen, die im Kopf ablaufen.** Ganz wichtig ist festzulegen – und zwar ohne Wenn und Aber –, wohin genau man putten wird. »Ich bin mir ganz sicher, daß der Ball exakt auf dieser Linie ins Loch rollt« ist ein wesentliches Kriterium, das erarbeitet werden muß. Auch ist der Putt zu visualisieren. »Ich sehe voraus, was gleich passieren wird.« Man nimmt dabei das Einlochen visuell vorweg, vielleicht sogar mehrmals. Die Vorstellungskraft ist dabei besonders gefordert. Putten ist also keinesfalls nur auf eine Pendelbewegung zu reduzieren. Gutes Putten setzt erhebliche geistige Aktivitäten voraus.

Von den großen Spielern ist immer wieder zu lesen und zu hören, daß es beim Putten viel weniger auf die Technik als vielmehr auf das **Selbstvertrauen** ankäme. Wenn nur die innere Einstellung stimme und man von vornherein schon überzeugt sei, den Ball einzulochen, dann könne man praktisch sicher sein, daß der Putt auch fällt, egal aus welcher Distanz gespielt wird. Damit gehen auch meist Warnungen einher, man solle sich beim Putten nicht zu sehr den mechanischen Gesetzen verschreiben: Kopf und Körper absolut bewegungslos, die Handgelenke fest, als wären sie durch einen Splint fixiert.

Damit, so die Experten, verlöre man das so entscheidende Gefühl, ohne das Erfolg undenkbar ist.

Sicherlich wissen die Spitzenspieler genau, wovon sie reden, und bei ihrer Spielstärke ist solches Verhalten nicht von der Hand zu weisen. Wir alle aber, die wir nur mit niederen Weihen durch das Golfleben schreiten, sollten uns nicht täuschen und dazu verführen lassen, unser Bemühen um Technik zugunsten eines vagen Gefühls aufzugeben. Der Spitzenspieler kann leicht davon reden, seine Technik sozusagen in die zweite Reihe hinter das Gefühl zu stellen. Er hat sich ja bereits eine hervorragende Technik erarbeitet. Eine, die ihn auch dann nicht verläßt, wenn er sich vermeintlich ganz auf sein Gefühl stützt. Wir aber stehen hier ganz am Anfang. Und da ist es nur von Vorteil, wenn man sich an klaren Vorgaben orientieren kann.

Ein ganz wesentliches psychologisches Moment kommt noch hinzu. Auf dem Puttinggrün ist es nicht allzu schwierig, aus kurzer Distanz einzulochen oder aus großem Abstand totzulegen. Alles ändert sich aber dramatisch, wenn es auf der Runde oder im Turnier um die Wurst geht. Jetzt nämlich muß der sog. machbare Putt rein. Versagt man, so hat das oft verheerende Folgen für das weitere Spiel. Weil Sie und wir alle das wissen, setzen wir uns so unter Druck, daß der machbare Putt für viele quasi zur Frage von Leben und Tod werden kann. Der Schlüssel, in diesen Teufelskreis erst gar nicht hineinzugeraten, liegt im Selbstvertrauen. Wer wüßte das nicht. Wenn wir alle nur fest genug daran glauben, daß der Ball beim nächsten Schlag fällt, ist er schon so gut wie drin. Auch dann, wenn es mit Ihrer Technik nicht weit her ist. Sind Sie aber der geborene Zweifler, so hilft Ihnen in diesem Fall auch die beste Technik nicht zum Erfolg, obwohl Sie diesen allein schon ob Ihres Trainingsfleißes verdient hätten.

Selbstvertrauen zu erlangen läßt sich bis zu einem gewissen Maße üben. Die Spitzenspieler haben aus gutem Grund ihre Lehrer und Meister zur Seite, die in dieser Hinsicht ihre Seelenbefindlichkeit festigen sollen. Ein Psychotrick übrigens soll hier nicht verheimlicht werden. Der amerikanische Sport-Spitzenpsychologe Dr. Rotella rät, vor jedem Putt sich darauf zu konzentrieren, **zu hören,** wie der Ball ins Loch fällt. Vielen hat das erstaunlichen Erfolg beschert. Bevor Sie nun aber ein spezielles Psychotraining absolvieren, könnten Sie auch folgenden Weg gehen: Damit es Ihnen gelingt, Angst und Zweifel in sich zu unterdrücken, sollten Sie sich vor jedem Putt bewußt ablenken. Und nichts ist dazu besser geeignet als die **volle Konzentration auf Ihre Technik,** auf das, was Sie machen müssen, damit Sie dem Ball Ihren Willen aufzwingen können. Je profunder also Ihr Wissen, desto weiter das Feld, das Sie Angst und Zweifel vergessen läßt.

Welcher Putter?

Der weltweite Boom im Golfsport animiert viele dazu, weniger im spielerischen Bereich als vielmehr auf technischem Gebiet oder im Materialsektor Akzente zu setzen. Kaum ein Ausrüstungskatalog daher, in dem nicht der eine oder andere neue Putter als Weltneuheit angepriesen wird, wobei zwischen den Zeilen zu lesen ist, daß mit diesem oder jenem Modell erfolgreiches Putten geradezu zum Kinderspiel wird. Natürlich machen »computergestützte Hightech-Fertigungsverfahren« Eindruck oder »Heel-toe-weighting« des Putterkopfes, vor allem dann, wenn der Putterkopf aus »blendfreier Optik« mit »Supersoft-Insert« für »optimalen Touch« gefertigt ist. Der durchschnittliche Konsument wird von einer Informationsflut überschwemmt und sieht sich gewöhnlich nicht in der Lage, zu unterscheiden, worauf es beim Erwerb eines Putters wirklich ankommt.

Nutzen Sie bei der Wahl Ihres zukünftigen Putters zwei Möglichkeiten. Erstens bietet fast jeder ProShop in Deutschlands Golfclubs die Möglichkeit, eine Vielzahl von Puttern entweder im Laden oder sogar auf dem Puttinggrün auszuprobieren. Sie können testen, welche Putter von denen, die Sie sich rein gefühlsmäßig oder von der Optik her ausgesucht haben, das halten, was Sie erhoffen. Eine Generalregel, daß dieses oder jenes Modell für Sie und Ihr Putten besonders vorteilhaft ist, gibt es nicht.

49

Nicht unmaßgeblich beteiligt am Erfolg Ihres Puttens ist aber Ihre persönliche Einstellung zum Schläger: ob Sie Vertrauen zu ihm haben, ob er Ihnen liegt, wie man so schön sagt.

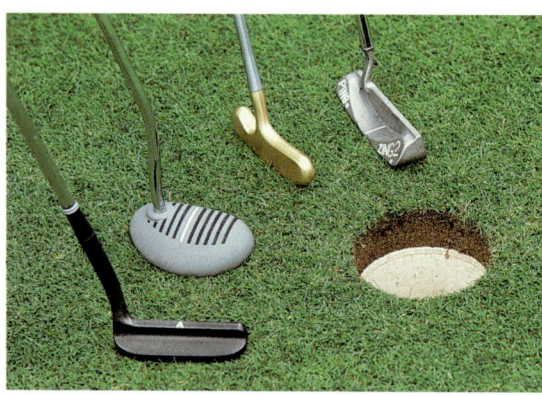

Abb. 40 Welcher Putter Ihnen persönlich am besten liegt, müssen Sie selbst herausfinden. Die Modelle hier präsentieren verschiedene und recht unterschiedliche Schlägerkonzeptionen. Ihr Pro hilft Ihnen sicherlich gern, den richtigen zu finden.

Eine zweite Möglichkeit besteht darin, daß Sie sich von Ihrem Pro beraten lassen. Er kann Ihnen sagen, was es mit den unterschiedlichen Spezifikationen auf sich hat: weshalb Putterlängen zwischen 82 und 90 cm schwanken, wieso ein Modell nur 420 Gramm wiegt, ein anderes aber 504 Gramm. Auch gibt es die verschiedenartigsten Schaftwinkel, und der Neigungswinkel des Schlägerblatts kann gewaltig variieren. Hier geht es um Details, die Sie sich am besten von einem Fachmann erläutern lassen, um dann für sich zu entscheiden, was für Sie von Bedeutung

ist oder worauf Sie getrost verzichten können. Wichtig ist, wie Sie schon wissen, daß der Ball im *Sweet spot* getroffen wird, weil damit die Gefahr ausgeschaltet ist, daß sich der Schläger im Treffmoment verdreht und der Ball zwangsläufig sein Ziel verfehlt. Die meisten Hersteller bringen inzwischen solche *Sweet spot*-Markierungen auf ihren Modellen an. Nicht in jedem Fall aber stimmen die eingefeilten, in der Regel weiß markierten Kerben mit dem tatsächlichen *Sweet spot* überein. Für das Ausrichten des Schlägers auf das Ziel mag diese Markierung noch taugen, für das Treffen des Balles aber nicht. Lassen Sie daher diese so wichtige Stelle Ihres Putters vom Fachmann überprüfen. Bernhard Langer empfiehlt diese Vorgehensweise ganz entschieden.

In den letzten Jahren zielte das Design einer Reihe von Herstellern darauf ab, das Gewicht des Putterkopfes nicht mehr gleichmäßig zu verteilen, wie das etwa beim Klassiker *Bull's Eye* der Fall ist; vielmehr werden nur Spitze und Ende der Schlagfläche gezielt beschwert. Schauen Sie sich daraufhin die umfangreiche Putterkollektion der Firma Ping an. Hilfreich daran ist, daß der Bereich des soliden Treffens des Balles fraglos erweitert wird, so daß dem genauen Treffen im *Sweet spot* nicht mehr ganz soviel Bedeutung zukommen muß.

Beim Kauf zu berücksichtigen ist auch, daß Ihr Schläger die für Ihre Größe oder Ihren Puttstil angemessene Schaftlänge und auch einen entsprechenden Schaftwinkel aufweist. Um hierbei zu einem optimalen Ergebnis zu kommen, ist die Zusammenarbeit mit Ihrem Pro unabdingbar. Sozusagen im Selbststudium lassen sich Lösungen, die Ihnen wirklich zum Vorteil gereichen, erfahrungsgemäß nicht finden. Da, wie gesagt, das Putterdesign von Modell zu Modell sehr unterschiedlich ausfällt, müssen Sie unbedingt einen Schläger finden, der zu Ihnen und Ihrer Technik paßt. Keinesfalls sollte es umgekehrt sein, daß Sie nämlich Ihren Puttstil dem Schlägerdesign anpassen müssen. Als Standardlänge empfiehlt Bernhard Langer übrigens 87,5 cm. Noch vor etwa zwanzig Jahren wiesen fast alle Puttermodelle runde Griffe auf – so wie die Normalschläger heute noch. Inzwischen hat sich jedoch die Ansicht durchgesetzt, daß sich erfolgreicher putten läßt, wenn die Vorderseite des Griffs abgeflacht ist. Die beiden Daumen liegen besser auf als bei einem runden Griff. Zu entscheiden haben Sie auch die Frage, ob Sie lieber einen leichten oder einen schweren Putter in Händen halten wollen. Wie schon gesagt, die Gewichte schwanken zwischen 420 und 504 Gramm. Fast alle Professionals arbeiten mit etwa 480 Gramm schweren Puttern. Allgemein hat sich die Ansicht durchgesetzt, daß der etwas schwerere Putter ein langsames und rhythmisches Schwingen erleichtert.

Viele gute Spieler vertreten die Ansicht, daß man ein Leben lang jenem Modell treu sein sollte, für das man sich irgendwann einmal wirklich entschieden hatte. Andere raten dazu, sofort den Putter zu wechseln, wenn es mit dem alten nicht mehr so läuft, wie es sollte. Bernhard Langer scheint dem zweiten Grundsatz zu huldigen. Er besitzt nach eigenen Angaben 70 Putter, die er wechselweise auch einsetzt.

Vom berühmten amerikanischen Longhitter John Daly stammt die Antwort »Grip it and rip it« auf die Frage, woher er seine sensationellen Längen nehme.

»Grip it and hole it« ist wiederum die Aussage von Bernhard Langer, der derzeit mit dem wohl eigenwilligsten Griff aller Spieler auf der Tour puttet. Er tut dies nicht freiwillig. Seinen Griff bezeichnet er als häßlich, dennoch ist dieser die wesentliche Voraussetzung dafür, daß er heute wieder so erfolgreich puttet wie zu Beginn seiner Karriere. Zweimal bereits war er in seinem Golfleben mit »Yips« geschlagen, dem offensichtlich golftypischen Erregungszustand der Nerven, der dafür sorgt, daß die Muskeln der Hände und Arme im entscheidenden Moment den Gehorsam verweigern. Und der entscheidende Moment ist immer jener des machbaren Putts. Der Ball, der eigentlich fallen muß, weil er schon ganz nah am Loch liegt, ist dann unter gar keinen Umständen einzulochen, weil das unkontrollierbare Zucken der Hände es einfach nicht zuläßt. Groteskes war da schon im Fernsehen zu beobachten. Tom Watson etwa brachte es

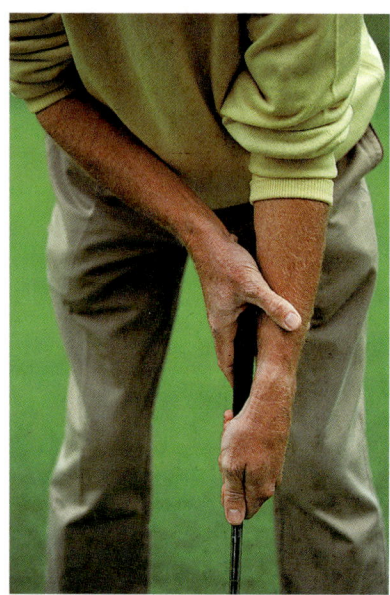

Abb. 41 Mit diesem von der Fachwelt mit Staunen registrierten Griff hat Bernhard Langer seine Yips-Probleme – zumindest für lange Zeit – buchstäblich in den Griff bekommen.

nicht fertig, aus 40 cm Entfernung einzulochen, vielmehr lag sein Ball, weil ruckartig verzogen, nach dem Schlag etwa 3 m hinter dem Ziel seiner Träume. Viele, viele von ihrem langen Spiel her hochtalentierte Menschen konnten es nicht zu Weltklassespielern bringen, weil ihnen die Yips den Weg dahin verbaute.

Das Merkwürdige dabei: Es sind immer nur die kurzen Putts, die das Problem offenkundig machen. Jene Schläge, die bei realistischer Einschätzung nicht unbedingt hinein müssen, sind mit der Yips-Hypothek

gewöhnlich nicht belastet. Annähernd frei von der Plage ist der Yips-Kranke auch dann, wenn er streßfrei übt oder wenn es auf der Runde um nichts geht. Zeitweilig war es bei einem der Verfasser (Kölbing) dieses Buches so schlimm, daß unter Turnierstreß gerade Putts von 30 cm Länge unter keinen Umständen einzulochen waren. Nach dem Entschluß, einen »langen« Putter *(Broom handle)* einzusetzen, verbesserte sich sein Handicap binnen weniger Wochen von 9 auf 5! Daß es sich tatsächlich nur um die kurzen Distanzen handelt, hat Bernhard Langer eindrucksvoll gezeigt. Bei langen Putts bediente er sich eine Zeit lang seines normalen Griffs, weil er da einen ganz normalen, sprich ungestörten Schwung machen konnte. Offensichtlich kam er mit seinem Spezialgriff in letzter Zeit so gut zurecht, daß er alle seine Putts mit dieser Technik bewältigte. Seit Ende 1996 allerdings puttet auch Bernhard Langer mit dem »Broom handle«. Der überlange Putter etabliert sich mehr und mehr im internationalen Turniergeschehen.

Nicht jeder, dem die Yips das Spiel zerstört – es läßt sich leicht vorstellen, wie das gesamte Spiel unter den unsäglichen letzten Zentimetern leidet –, kommt mit einem wie auch immer gearteten Spezialgriff als Rettungsanker zurecht. Die meisten müssen ein Spezialwerkzeug zur Hand nehmen. Sam Torrance, Bruce Lietzke oder Mark James sind die heutigen Protagonisten des *Broom handle* – des überlangen Putters. Orville Moody, ein amerikanischer Professional, gilt als der Erfinder dieses eigenwilligen Puttwerkzeugs. Er konnte mit dessen Hilfe seine Karriere um einige Jahre erfolgreich verlängern. In vielen Fällen ist es nur eine Hand, die von der merkwürdigen Elektrisierung befallen ist, und die kann mit dieser Putt-Technik offensichtlich erfolgreich ruhiggestellt werden. Wie das aus anatomischer Sicht funktioniert, ist nicht bekannt, aber – und das ist das einzig Entscheidende – das Ergebnis ist verblüffend. Wer je beim Putten unter

Abb. 42
Bernhard Langer trainiert 2-Meter-Putts. Caddy Peter Coleman wirft immer wieder die Bälle zurück.

53

dem rätselhaften Muskelzucken gelitten hat, weiß gar nicht hoch genug einzuschätzen, daß er tatsächlich die kurzen Putts wieder einlochen kann.

Die *Broom handles* von Ping und Wilson sind so lang, daß ihr oberes Ende an der Brust »fixiert« werden kann. Die meisten Spieler benutzen dazu die linke Hand, während die rechte das Pendel betätigt (Abb. 43). Immer wieder taucht in diesem Zusammenhang die Frage auf, ob mit diesem überlangen Schläger auch das Festlegen der 2-Schläger-Längen bei Strafschlägen zugelassen ist. Die Regel verbietet es nicht, wohl aber die Sportlichkeit. Sam Torrance hat

gesagt, er würde sich unter keinen Umständen dieses Vorteils bedienen, weil er sich nicht dem Vorwurf der Unsportlichkeit aussetzen wolle. In Abb. 44 ist ein überlanger *Broom handle* im Einsatz. Der Spieler (A. Kölbing) fixiert ihn am Kinn und puttet mit der linken Hand, weil die rechte die Yips-Geplagte ist. Vorsicht ist jetzt geboten. Da solche Längen nicht im Handel angeboten werden, muß zur Eigenkonstruktion gegriffen werden. Zugelassen sind nur Putter, die ein Serienmodell verwenden, das zudem mit dem Verlängerungsteil fest verbunden ist. Zusammensteckbare Schläger sind zwar praktisch auf Reisen, aber nicht erlaubt!

Abb. 43 (links)
Der normale Broom Handle wird an der Brust fixiert und die rechte Hand führt den Putter.

Abb. 44 (rechts)
Hier führt die linke Hand den Putter. Die Yips-geplagte rechte wird am Kinn »geerdet«.

Etikette

Weil jeder von uns gar nicht genug an die Etikette erinnert werden kann, hier noch einige Anmerkungen:

Werfen Sie die Fahne nicht aufs Grün.

Verdrehen Sie nicht (vor Aufregung) Ihre Füße. Die Wunden, die Sie reißen, verärgern nicht nur Ihre Mitspieler, sondern die Grasnarbe leidet über Tage hinweg.

Treten Sie nicht zu nahe an den Lochrand, wenn Sie den Ball herausnehmen. Fast alle machen das. Sie aber wissen, wie sehr die Spike-Marken ums Loch herum den Putt beeinflussen.

Wenn Sie die Fahne ziehen, sollten Sie darauf achten, den Lochrand nicht zu beschädigen.

Stützen Sie sich nicht auf Ihren Putter, wenn Sie anderen bei der »Arbeit« zuschauen.

Wenn Sie das Grün verlassen, sollten Sie mit einem letzten Blick kontrollieren, ob die Fahne gerade im Loch steckt.

Die eigene Pitchmarke sorgfältig auszubessern versteht sich von selbst. Eine zweite zu reparieren tut jedem Grün entschieden gut.

Stehen Sie niemals zu nah bei anderen, wenn diese putten. Nur zu leicht könnten sich diese gestört fühlen. Haben Sie das Bild vor Augen, wie ein Anfängerflight sich immer enger ums Loch schart? Am Schluß stehen alle vier Spieler sich gegenseitig schon fast auf den Zehen. Gute Spieler halten auf dem Grün stets gebührend Abstand voneinander.

55

Chippen

Es ist wie beim vollen Schwung: Wenn Chippen zum Desaster wird, dann hat das seine Ursache meistens in fehlerhaften Ausgangsbedingungen. So sind etwa die Ansprechhaltung und der Griff untauglich sowie das taktische Wissen nicht in der notwendigen Weise vorhanden. Schauen Sie einmal auf Ihrer Driving Range Spielern zu, die das Chippen üben oder zumindest das, was sie für Chippen halten. Sie sprechen meist den Ball genau in der gleichen Weise an, als hätten sie einen vollen Schwung vor sich. Der Stand ist viel zu weit, sie stehen zu aufrecht und der Abstand zum Ball ist zu groß. Unter solchen Voraussetzungen ist es völlig unmöglich, Schläge zu spielen, bei denen es sehr auf das »feine Händchen« ankommt. Wer sich aber auf sein Gefühl verlassen können will, der sollte alles daransetzen, nicht schon vor dem Schlag einfachen technischen Fehlern zu unterliegen. Der normale Chip, der im Bereich von etwa 10 m um das Grün herum gespielt wird, ist eigentlich ein vergleichsweise einfacher Schlag, und es ist deshalb um so erstaunlicher, wenn man mit ansehen muß, wie viele Spieler gewaltige Probleme mit dem Chippen haben.

Abb. 45 Der amerikanische Weltklassespieler Payne Stewart bei einem Chip wie aus dem Lehrbuch.

Ansprechposition

Unsere Empfehlung daher an Sie: Schaffen Sie sich durch eine solide Ansprechposition eine günstige Basis für das Gelingen des Schlags. Die Beine rücken sehr eng zusammen. Die Fersen sind nur noch 10 bis 15 cm auseinander. Der Stand ist offen, damit Sie Ihr Ziel gut ins Auge fassen können. Die Schultern sind aber parallel zum Ziel ausgerichtet, was die beste Voraussetzung dafür ist, daß die Schwungebene auf der Linie zum Ziel verläuft. Die Knie sind leicht gebeugt und Ihr Gewicht ist deutlich (bis zu 70 %) auf dem linken Bein und verbleibt dort während der gesamten Chipbewegung. Die Arme befinden sich sehr nahe am Körper – beide Ellenbogen sollten Sie am Brustkorb spüren –, so daß Sie das Gefühl haben, daß sich die Arme nicht verselbständigen können. Der Ball liegt deutlich näher vor Ihren Füßen, so daß Sie, bevor Sie jetzt Ihren Chip ausführen, den Eindruck haben, kompakt am Ball zu stehen. Ganz wichtig ist gerade in diesem Zusammenhang, daß Sie Ihren Schläger kürzer fassen. Das kann und sollte in den meisten Fällen hinunterreichen bis zum Beginn des Metalls oder Graphits. Diese Verkürzung, die Sie bei jedem guten Spieler ausmachen können, verbessert ohne Frage Ihr Gefühl für den Schlag und auch dessen Kontrolle.

Wie weit Ihre Hände am Griff hinunterwandern (Abb. 46), bleibt im wesentlichen Ihrem Gefühl überlassen. Bedenken Sie dabei aber folgendes: Je weiter das Griffende oben herausschaut, um so größer ist praktisch das Gegengewicht zum unteren Teil des Schlägers. Wenn Sie auf diesem Gebiet ein wenig herumexperimentieren, werden Sie feststellen, daß das tiefere Greifen Ihre Kontrolle über das Schlägerblatt entscheidend erhöht. Sie greifen den Schläger mit Ihrem normalen Griff, sollten aber stets etwas fester als beim normalen Schwung zufassen – mit beiden Händen –, um der unerwünschten Aktivität Ihrer Handgelenke vorzubeugen. In Abb. 47 haben wir die fehlerhafte und die korrekte Ansprechhaltung gegenübergestellt. Achten Sie auf dem

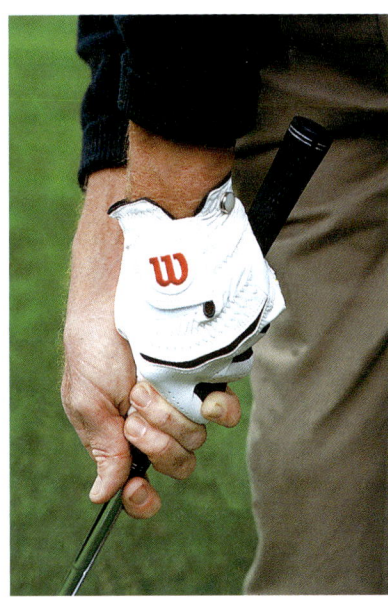

Abb. 46
Das Kürzergreifen des Schlägers kann bis hinunter zum Metall reichen.

Bild rechts auf die enganliegenden Arme, den offenen Stand und den kompakten Eindruck, den diese Haltung vermittelt.

Vielleicht fragen Sie jetzt, warum das Gewicht wie eingangs erwähnt immer links sein muß? Testen Sie sich selbst. Spielen Sie ein paar Chips und verändern Sie dabei Ihre Gewichtsverteilung. Egal, wie gut Sie das Chippen im derzeitigen Stadium schon beherrschen, Ihnen wird auffallen, daß Sie bei der empfohlenen 70:30-Verteilung den Ball sehr viel besser, sprich genauer treffen. Der Schläger/Ball-Kontakt wird Ihnen spürbar solider erscheinen. Sie können den Ball, wie man in der Fachsprache sagt, mit mehr Autorität schlagen.

57

Abb. 47 Sie machen es sich selbst nur schwer, wenn Sie beim Chippen zu weit vom Ball entfernt stehen (1). Rechts ist die ideale, kompakte Ansprechhaltung zu sehen. Schauen Sie, wie nah am Körper die Arme gehalten werden (2).

Abb. 48 Die Schultern sind der Motor. Das Körperdreieck bleibt immer intakt.

Beim Ansprechen (Abb. 49 zeigt die korrekte Haltung in Frontansicht) denken Sie immer **Hände vorn, Ball zurück,** wie es hier demonstriert wird. Wenn Sie jetzt genau hinschauen, erkennen Sie unschwer, daß Sie eine sehr ähnliche Haltung eingenommen haben wie schon beim Putten. Tatsächlich haben wir es bei unseren Chips auch mit einer Bewegung zu tun, die wir schon x-mal geübt haben. Unser Körperdreieck macht zum wiederholten Male deutlich, worum es beim technisch korrekten Chippen geht (Abb. 48). Nur die Schultern werden bewegt! Das aus Schultern, Armen und dem Schläger gebildete Dreieck bleibt unverändert erhalten. Geprägt ist diese Schulterbewegung beim Vorschwung durch ein betontes **rechte Schulter runter – linke Schulter hoch!**

Abb. 49
Chippen mit dem normalen Griff.
Der Ball liegt im Stand deutlich zurück.
Die Hände sind vor dem Ball, der Schläger wird kurz gegriffen.

3

4

5

Chippen

Achten Sie beim Üben darauf, daß **die Hände immer vor dem Ball** bleiben und die Handgelenke die beim Ansprechen festgelegte Position nicht verlassen.

Generell gilt: Je kürzer der Schlag und je mehr Kontrolle Sie wünschen, desto fester werden die Handgelenke. Feste Handgelenke und die Hände stets vor dem Ball sind der Schlüssel zu gutem Chippen.

Übertriebener Einsatz der Hände, sprich der kleinen Muskeln, wie in Abb. 50 dargestellt, führt nicht nur

beim Chippen, sondern bei fast allen Golfschlägen zu Problemen. Es ist daher sicherlich eine gute Empfehlung, den größeren Muskeln zu vertrauen; auf sie ist mehr Verlaß. Das wird jedem von uns vor allem während brenzliger Situationen bewußt. Die großen Muskeln des Oberkörpers und speziell der Schultern übernehmen die Kontrolle beim Chippen. Achten Sie also beim Üben auf feste Handgelenke, auf das **»Rocken« der Schultern** und auch darauf, daß der Körper ruhig bleibt. Er darf sich nicht aktiv drehen.

Das ideale Finish ist in Abb. 51 zu sehen. Alle wesentlichen Kriterien sind streng eingehalten. Die Handgelenke sind nicht »gebrochen«. Die Schultern lassen erkennen, daß sie die Führung des Schlags übernommen haben; deutlich sichtbar ist hier, daß die rechte nach unten gegangen ist und nicht etwa außen herum. Wie schon das Putten sollten Sie auch das Chippen mit Hilfe eines Regenschirms (siehe S. 21) üben. Das ist das besonders Gute an der Regenschirmübung, sozusagen das erzieherische Moment, daß die Schultern sich nur auf- und abbewegen können und nicht in der Horizontalen drehen. Prüfen Sie auch, ob das Körperdreieck erhalten geblieben ist. Das Schlägerblatt hat sich nicht geschlossen, sondern ist *square* zum Schlag geblieben. Auch das ist ein ganz wesentlicher Gesichtspunkt technisch einwandfreien Chippens. Wenn Sie einen Wedge oder Sand Wedge einsetzen, sollten Sie sich immer vorstellen, am Ende

Abb. 50 Der am häufigsten zu beobachtende Fehler: Die Handgelenke sind »gebrochen«. Bestenfalls kann daraus ein gelöffelter Chip werden. Den Ball gut zu treffen und regelmäßig ans Ziel zu bringen – von dieser Vorstellung muß bei dieser »Technik« Abschied genommen werden. Klemmen Sie sich das Lineal (siehe S. 20) unter die Uhr!

des Schlags ein gefülltes Wasserglas auf das Schlägerblatt stellen zu können (Abb. 52).

Halten Sie zudem Ihren Kopf still. Versuchen Sie noch nach dem Schlag die Stelle im Auge zu behalten, wo vorher der Ball lag. Zu frühes Aufschauen ruiniert den Schlag, weil von gutem Treffen des Balles keine Rede mehr sein kann. Der Körper bleibt, wie gesagt, ruhig, und dazu gehört auch, daß die Füße fest mit dem Boden verwurzelt bleiben. Bewegen Sie die Füße etwa dahingehend, daß Sie beim Rückschwung die linke Ferse anheben, laufen Sie Gefahr, den einmal festgelegten Augen/Ball-Abstand zu verändern. Die angestrebte Präzision müssen Sie dann zwangsläufig vergessen.

Den Körper »ruhig« halten bedeutet nicht, starr wie eine Marionette zu agieren. Es ist für jeden von uns von Vorteil, in jeder Situation seinem natürlichen Bewegungsinstinkt zu folgen und auch zu vertrauen. So sagt etwa das Chip-Genie Severiano Ballesteros, daß er seinen Knien und Hüften gestattet, sich ganz leicht mitzudrehen, eben um nicht hölzern zu agieren und auch den Rhythmus des Schwungs zu unterstützen. Durch das leichte Mitdrehen der unteren Körperhälfte wird es entschieden einfacher, die Handgelenke während des Schlags fest zu lassen. Von diesem anatomischen Zusammenhang sollten Sie sich während des Trainings unbedingt überzeugen.

Weil von so ausschlaggebender Bedeutung, sei es noch einmal gesagt:

Abb. 51
Drei wichtige Checkpoints des Chippens: offenes Schlägerblatt, gestrecktes linkes Handgelenk, der Kopf hat seine Stellung aus der Ansprechhaltung kaum verändert.

Abb. 52
Wie mit einer Wasserwaage können Sie kontrollieren, ob Sie Ihren Chip mit einem Sand Wedge schulmäßig ausgeführt haben.

Wahrscheinlich ist auch für Sie der wichtigste Schlüssel für solides Chippen, daß die **Hände während des Vorschwungs immer vor dem Ball** gehalten werden. Erlauben Sie Ihrem Schläger, Ihre Hände zu überholen, sind Sie ohne Frage auf Desaster programmiert.

Chippen

Das Wichtigste zusammengefaßt:

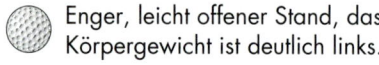 Enger, leicht offener Stand, das Körpergewicht ist deutlich links.

 Der Ball liegt im Umfeld vor dem rechten Fuß.

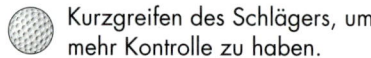 Kurzgreifen des Schlägers, um mehr Kontrolle zu haben.

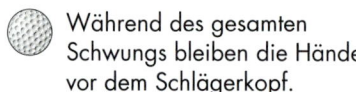 Während des gesamten Schwungs bleiben die Hände vor dem Schlägerkopf.

 Das Pendeln der Schultern steuert die Gesamtbewegung.

Abb. 53
Vor jedem Chip sollten Sie immer einige Probeschwünge machen. Die Zahl schlecht getroffener Bälle nimmt dadurch deutlich ab.

Richtig an den Ball kommen Sie, wenn Sie **beim Treffen das Gras »bürsten«.** Versuchen Sie sich während gezielter Probeschwünge (diese sind vor jedem Chip unerläßlich) im Bürsten des Grases (Abb. 53). Je bewußter Sie den Schläger flach über den Boden führen, desto mehr beugen Sie im übrigen der unerwünschten Handaktion vor. Je länger der Ball werden soll, desto weiter muß das Schulterpendel ausschlagen.

Daß die Arme dabei über Schulterhöhe hinausgehen, muß allerdings die Ausnahme bleiben. Wir würden empfehlen, für längere Chips eine andere Kraftquelle zu nutzen, nämlich das betonte Strecken des rechten Arms während des Vorschwungs. Sie werden erstaunt sein, wieviel Länge Sie herausholen können, sofern Sie sich darauf konzentrieren. Beim Üben dieser technischen Finesse kommt es darauf an, nicht nur das Gefühl für das Durchstrecken des rechten Ellenbogengelenks zu entwickeln, sondern auch, daß die rechte Schulter dabei deutlich nach unten geht. Erst das Zusammenwirken dieser beiden Komponenten eröffnet Ihnen die tatsächlichen Möglichkeiten, die diese Technik bereithält.

Ein paar Gedanken noch zum Abwinkeln der Hände. Im Gegensatz zum Putten spielen Sie den Chip mit abgewinkelten Händen. Und dieser einmal gesetzte Winkel bleibt während der gesamten Aktion unverändert erhalten. *Set it and hold it* ist die klassische englische Anweisung. Wie aber nun bewerkstelligen Sie dieses sog. Winkelsetzen? Wir haben Ihnen hier empfohlen, dies schon beim Ansprechen mit dem »Hände vor dem Ball« zu tun, so daß Sie mit dieser Bewegung keine weiteren Probleme mehr haben sollten. Nun gibt es aber auch Lehrmeinungen, wonach beim Chippen der Winkel sehr wohl erst während des Rückschwungs gesetzt werden kann. Dies entspräche, so die Begründung, eher der natürlichen Bewegung und würde zudem Vorteile für den guten rhythmischen Schlagablauf mit sich bringen. Für die von uns propagierte Technik spricht deren Einfachheit. Was für Sie am besten beziehungsweise erfolgreichsten ist, können Sie letztendlich nur feststellen, wenn Sie viel üben und dabei die verschiedenen Möglichkeiten gegeneinander abwägen.

Der kurze Chip

Der kurze Chip aus Distanzen von 5 bis 10 m ums Grün herum ist einer der wichtigsten Schläge für gutes Scoren. Wer gut chippen kann, schafft sich die beste Voraussetzung, mit dem nächsten Schlag einzulochen. Wer sich dabei schlecht anstellt, verliert Schlag um Schlag. Wir wollen Ihnen hier noch eine andere Technik kurzer Chips anbieten. Sie wurde vom bereits erwähnten Altmeister des kurzen Spiels, Paul Runyan, entwickelt und wird heutzutage zum Beispiel von Nick Faldo gespielt. Das Grundprinzip hierbei ist, das Chippen so weit wie möglich dem Putten anzugleichen.

Das beginnt damit, daß Sie mit Ihrem Puttgriff (*Reverse-overlapping,* Abb. 13 + 54) spielen. Chippen können Sie im übrigen durchaus auch mit dem *Cross-handed-*Griff. Der Australier Peter Senior etwa hat damit guten Erfolg. Achten Sie darauf, daß die beiden Daumen tatsächlich auf dem Griff aufliegen und vor allem, daß die Hände auf gleicher Höhe gegenüber angeordnet sind, so daß

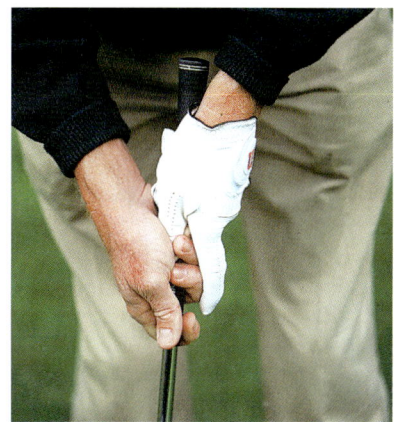

Abb. 54
Chippen mit dem Puttgriff. Für kurze, präzise Chips eine geradezu ideale Voraussetzung.

Abb. 55
Der Ball mit dem vorderen Teil des Schlägers gespielt führt zu einem sehr gut zu dosierenden kurzen Chip.

auch beide Handrücken wie beim Putten *square* aufs Ziel weisen. Keinesfalls sollte sich die linke Hand jetzt über der rechten befinden wie beim normalen Griff. Ihr Körpergewicht ist deutlich auf der linken Seite, der Ball liegt leicht hinter der Mitte Ihres Stands, und Ihre Hände befinden sich ein wenig vor dem Schlägerkopf (Abb. 57).

Ein ebenfalls wichtiger Gesichtspunkt ist, daß Sie jetzt den *Lie* Ihres Schlägers verändern, indem Sie diesen bewußt auf seine Spitze stellen (Abb. 55). Übertreiben Sie aber nicht.

So agieren Sie im übrigen auch mit Ihrem Putter, wobei Sie diesen nicht auf die Spitze stellen müssen, weil die korrekte Position in ihn eingebaut ist. Wenn Sie Ihren Schläger auf die Spitze stellen, so müssen Sie dazu Ihre Hände deutlich höher halten. Vergleichen Sie dazu das Höherhalten der Hände beim Putten (siehe S. 26). Die einmal so eingestellten Handgelenke bleiben während des gesamten Chippens unverändert. Je größer Sie im übrigen sind, um so mehr tendieren Sie von Natur aus zu dieser geschilderten Ansprechposition. Je kleiner Sie sind, um so mehr müssen Sie auf die Veränderungen eingehen. Was sich dabei quasi als Neben-

effekt einstellt, ist die Tatsache, daß Sie Ihre Augen praktisch direkt über dem Ball haben, genauso wie beim Putten. Und darüber hinaus werden Sie feststellen, daß Sie sehr nah am Ball stehen. Alles gute Voraussetzungen für Kontrolle und damit verbundene Präzision.

Ein weiterer Schlüssel zum Erfolg ist die Art und Weise, wie Sie den Ball treffen. Nicht in der Mitte *(Sweet spot)* Ihres Schlägers darf bei dieser Technik der Ballkontakt erfolgen, sondern die **Ballberührung** spielt sich **etwa in der Mitte zwischen Schlägerspitze und *Sweet spot*** ab. Sie werden es erleben, daß Sie damit echte Kontrolle über die zu bewältigenden Distanzen bekommen und sich nicht mit dem Problem unerwünschter *Power* herumschlagen müssen. Treffen Sie den Ball im *Sweet spot* oder weiter innen, so bekommt er vielfach zuviel Fahrt. Im vorderen Teil getroffen entsteht ein gefühlvoller und vor allem genau zu kontrollierender Schlag. Und den brauchen Sie, wenn Sie von knapp außerhalb des Grüns chippen und den Ball auf einem wirklich schnellen Grün beherrschen wollen. Der Schlag selbst wird so gespielt, als würden Sie putten. Nur die Schultern »rocken« in der gewohnten Weise.

Beim Üben sollten Sie darauf achten, den Schläger nach dem Treffen noch ein Stück am Boden entlangzuführen. Sie stabilisieren damit die Zielgenauigkeit. Auch mit dieser Technik können Sie Schläger bis hinunter zum Eisen 4 spielen (siehe S. 68).

Abb. 56
Die korrekte Ansprechhaltung beim Chippen mit dem Puttgriff. Leicht offener Stand, Augen über dem Ball, »hohe« Hände und eine über den gesamten Chip unverändert gehaltene Wirbelsäule.

1   2   3   4

Abb. 57 Nur die Schultern sind beim Chippen mit dem Puttgriff in Bewegung (oben).

Abb. 58 Achten Sie auf das »Rocken« der Schultern (unten). Es ist hier sehr deutlich zu erkennen. Unübersehbar ist auch die Ähnlichkeit der Ansprechhaltung zu der beim Putten. Für das Chippen mit dem Puttgriff sind die »hohen« Hände charakteristisch.

1   2   3   4

Taktik

Bis jetzt haben wir ausschließlich über technische Gesichtspunkte gesprochen. Damit aber ist beim Chippen noch lange nicht alles gesagt. Eine Reihe weiterer Aspekte ist gleichermaßen ins Kalkül zu ziehen. Ganz sorgfältig haben Sie, noch bevor Sie Ihren Schläger überhaupt zur Hand nehmen, folgendes zu bedenken:

- Ist die Lage Ihres Balls gut oder schlecht?
- Wie groß ist die Distanz bis zu jenem Punkt, wo der Ball landen soll?
- Wie ist die Topographie zwischen Ball und Fahne?
- Wie schnell ist das Grün, und natürlich:
- Wie groß ist die Entfernung zum Loch?

Erst wenn Sie das alles abgewogen haben, sollten Sie entscheiden, mit welchem Schläger Sie den Schlag spielen werden. Gerade aber was die Schlägerwahl anlangt, dürfen Sie niemals die zwei Generalregeln des Chippens außer acht lassen:

1. Wenn immer möglich, den Putter benutzen. Es bedarf in den meisten Fällen eines überdurchschnittlichen Chips, um den gleichen Erfolg zu haben wie mit einem nur durchschnittlichen Putt.
2. Weil flache Chips grundsätzlich einfacher zu schlagen sind als

hohe, ist der richtige immer der *least lofted* Schläger. Also immer jener mit dem geringsten Neigungswinkel, der Sie zu dem vorher bestimmten Landepunkt bringt. Eine weitere Generalregel ist nämlich **»Minimum in der Luft, Maximum am Boden«,** so wie das in Abb. 59 dargestellt ist.

Schlägerwahl und Flugbahn

Fast alle unerfahrenen Spieler, von den Spitzenspielern immer etwas verächtlich als Amateure bezeichnet, spielen ihre Chips mit ein und demselben Schläger. Meist ist es ein Wedge oder ein Sand Wedge, wobei die Ausgangssituation scheinbar völlig gleichgültig ist. Ballesteros konnte sich zu solchem Tun die spitze Bemerkung nicht verkneifen, daß dies gleichzusetzen sei mit einem Angler, der eine Forelle und einen Schwertfisch mit dem gleiche Gerät fangen will. Und daß er dies nicht als besonders intelligent bezeichnen könne. Tatsächlich ist es eine höchst schwierige Aufgabe, die Vielzahl ganz unterschiedlicher Chips, die um das Grün herum zu spielen sind, mit nur einem Schläger bewältigen zu wollen. Vor allem natürlich, weil Hände und Schlägerblatt in verschiedenster Weise manipuliert werden müssen. Um solches erfolgreich zu bewerkstelligen, so Ballesteros, brauche es, besonders unter Druck, ein extrem gut ausgebildetes Ballgefühl und vor

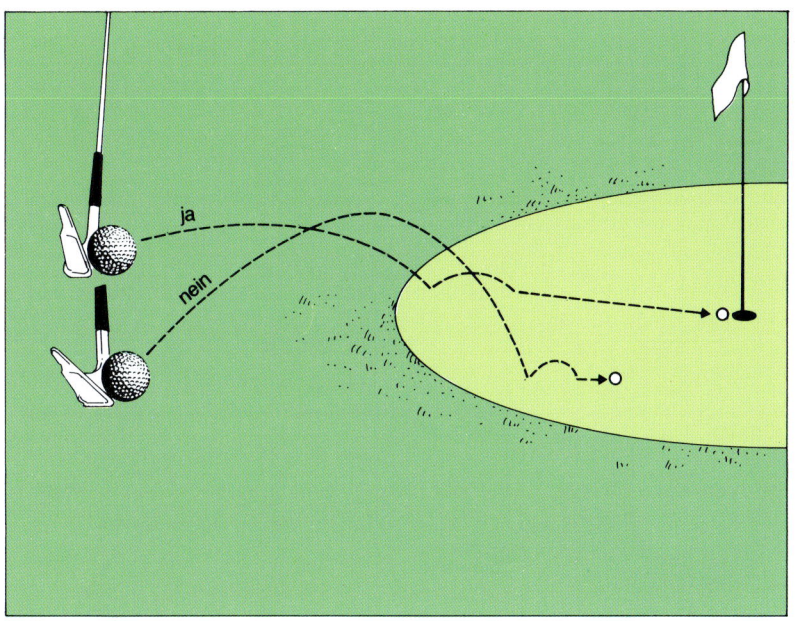

Abb. 59 Harvey Penick sagt in seinem »*Little Red Book*«, daß man ums Grün herum – vor allem, wenn man unter Druck ist – immer den Schläger mit dem steilsten Blatt wählen soll, »*that will do the job*«. Er meint, daß man auch mit einem Eisen 3 sehr erfolgreich chippen kann.

allem ständiges gezieltes Training. Er sei überzeugt davon, daß die meisten Spieler viel mehr aus ihrem Chippen machen könnten, wenn sie nur die Schläger zumindest einen Teil der Arbeit für sie übernehmen ließen. So verwundert es nicht, daß die Empfehlungen fast aller guter Spieler lauten, daß sich niemand zum Sklaven nur eines einzigen Chipping-Instruments machen sollte. Getrost können Sie vom Sand Wedge bis hinunter zum Eisen 4 Ihre Schlägerwahl treffen, je nachdem, welche Aufgabe vor Ihnen liegt. Für die Wahl längerer bis lan-

ger Eisen spricht zum Beispiel der Vorteil, daß Sie nur eine vergleichsweise kurze Ausholbewegung machen und entsprechend weniger Kraft einsetzen müssen. Das kommt der Präzision zugute. Hohe Chips mit kurzen Schlägern gespielt sind immer dann das Gebot der Stunde, wenn es Hindernisse zu überspielen gilt, die Fahne noch dazu am vorderen Grünrand steht und der Ball daher sehr schnell liegenbleiben muß. **Chippen Sie grundsätzlich immer flach,** auch dann, wenn Sie weiter vom Grün entfernt sind, und wenn Sie keine

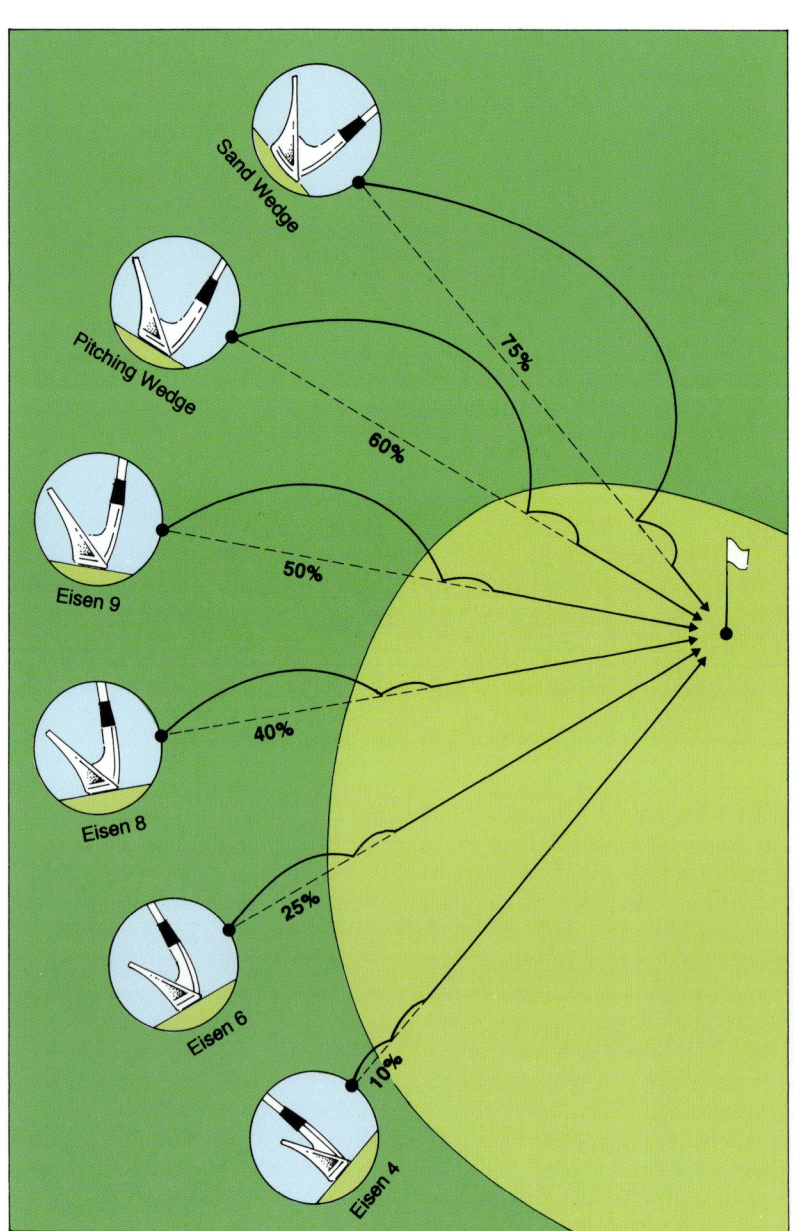

Abb. 60
Das Luft/
Boden-
Verhältnis
für einzelne
Schläger (nach
Ballesteros).

Sand Wedge

Pitching Wedge

Eisen 9

Eisen 8

Eisen 6

Eisen 4

75%

60%

50%

40%

25%

10%

Hindernisse zwischen sich und der Fahne haben. Das Eisen 5 ist bei solcher Voraussetzung ohne Frage auf Dauer erfolgreicher als der Wedge. In Abb. 60 ist das Luft/Boden-Verhältnis für die einzelnen Schläger dargestellt.

Wenn Sie einmal – natürlich nur nach intensivem und gezieltem Üben – herausgefunden haben, welche »Kraft« jeder Schläger in sich hat, wird das Chippen für Sie eine Aufgabe, die mehr von mathematischer Überlegung geprägt ist als von gefühlsmäßiger Einschätzung. Gehen Sie immer davon aus, den Ball nur bis zum Grünanfang in der Luft fliegen und ihn den restlichen Weg zur Fahne rollen zu lassen. Das wird sich für Sie sehr schnell als *das* Erfolgsrezept herausstellen.

Aus diesen Überlegungen wird jetzt deutlich, wie wichtig für Sie die **Bestimmung des Landepunkts** ist. Ihn auszumachen ist eigentlich das A

und O. Schauen Sie, wenn Sie hinter dem Ball stehend sich in Ihren Chip einstimmen, die Distanz zur Fahne an und lassen Sie den Ball vor Ihrem geistigen Auge ins Loch rollen. Sie werden nach entsprechendem Üben in der Lage sein, ziemlich exakt den Landepunkt vorhersagen zu können, von dem aus der Ball den vorbezeichneten Weg nimmt. Konzentrieren Sie sich dann nur mehr darauf, diesen Landepunkt anzuspielen. Beim Üben auf dem Chippinggrün können Sie diesen Punkt markieren. Ein ideales Training, nicht nur um die Treffgenauigkeit zu verbessern, sondern auch um das Luft/Boden-Verhältnis genauer abschätzen zu lernen. Obwohl wir bis jetzt dem Einsatz mehrerer Schläger das Wort geredet haben: Es geht natürlich auch nur mit einem einzigen oder nur einigen wenigen. Sand und Pitching Wedge sowie das Eisen 9 zählen wohl zu den am meisten eingesetzten Chip-

1

2

3

Abb. 61
Die Flugbahn Ihrer Chips läßt sich mit Hilfe der Ansprechhaltung festlegen. Je weiter Ihre Hände vor dem Ball sind, desto flacher die Flugbahn.

schlägern. Und man muß sich zu helfen wissen: Jetzt müssen Sie sehr variabel mit der Ballposition und der Ansprechhaltung umgehen.

Die Abb. 61 zeigt Ihnen, wie die Ansprechhaltung und die Ballage auf den Flug des Balls Einfluß nimmt. Je flacher der Ball fliegen soll, desto mehr wandert er zum rechten Fuß zurück. Arme und Hände dagegen bewegen sich zunehmend auf den linken Oberschenkel zu. Bei solcher Vorgehensweise lassen sich mit einem Eisen 9 sowohl ganz flache als auch relativ hohe Chips bewerkstelligen.

Abb. 62
Auf die Tendenz nach links reagieren Sie am besten mit einem leicht geöffneten Schlägerblatt beim Ansprechen des Balls.

Hanglagen

Da die Grüns in vielen Fällen nicht nur von Bunkern verteidigt werden, sondern auch von einer künstlich modellierten Hügellandschaft, sieht sich jeder von uns immer wieder mit Chips aus hängenden Lagen konfrontiert. Grundsätzlich sollten Sie sich merken, daß der Ball beim Spiel aus solchen Lagen die Tendenz hat, sich entsprechend der Hangneigung zu bewegen. Dies gilt es bei der Konzeption des Schlages zu berücksichtigen. **Stehen Sie aufgrund des nach oben geneigten Hangs mit Ihren Füßen unter dem Ball** (Abb. 62), so haben Sie sich gegen die Linkstendenz des Balls zu wappnen. Je mehr Loft der Schläger aufweist, um so größer ist die Abweichung. Sprechen Sie den Ball daher mit **entsprechend geöffnetem Schlägerblatt** an. Stehen Sie etwas weiter als beim normalen Chippen gewohnt vom Ball und spielen Sie noch etwas mehr vom rechten Fuß. Immer wenn sich Ihnen der Hang entgegenneigt, greifen Sie den Schläger auch noch kürzer, um den verringerten Abstand zum Ball auszugleichen. Weil, wie gesagt, der Ball zum *Hook* neigt, zielen Sie bewußt ein wenig nach rechts. Ihr Körpergewicht bleibt auf der linken Seite, insgesamt aber verlagert es sich auf den vorderen Teil der Füße (zum Hang hin), um der Gefahr vorzubeugen, nach hinten umzufallen. Weil Sie deutlich kürzer gegriffen haben, müssen Sie etwas härter zuschlagen, sonst bleiben Sie zu kurz.

Neigt sich der Hang von Ihnen weg, liegt der Ball also unter Ihren Füßen, so **gehen Sie mehr in die Knie,** um den Abstand wettzumachen. Natürlich können Sie auch den Schläger länger fassen, was wir aber nicht unbedingt empfehlen, weil man sich dann des bereits geschilderten Vorteils, den das Kürzergreifen mit sich bringt, beraubt. Der Ball hat jetzt *Slice*-Tendenz und Sie gleichen das aus, indem Sie das Schlägerblatt beim Ansprechen etwas schließen (Abb. 63). Stehen Sie etwas näher am Ball und spielen Sie diesen aus einer Lage deutlich vor Ihrer Körpermitte. Wiederum verbleibt Ihr Gewicht auf der linken Seite. Diesmal aber stehen Sie betont auf den Fersen, um nicht nach vorne zu kippen. Sie kommen nicht umhin, solche Hanglagen immer und immer wieder zu üben. Nachdem nämlich dabei doch eine Reihe technischer Voraussetzungen einzuhalten sind, müssen diese in Fleisch und Blut übergehen. In der Hitze des Gefechts Ihres ersten großen Turniers, bei dem Sie sich gerade anschicken, richtig erfolgreich abzuschneiden, werden Sie in entscheidenden Situationen möglicherweise vergessen, wie Sie den alles entscheidenden Chip tot an die Fahne legen können. Wenn Sie aber viel und gezielt üben, gehen die wichtigen Dinge in Gewohnheit über, so daß die Fehlerquote auch »im Ernstfall« klein bleibt.

Nicht nur aus seitlichen Lagen werden Sie immer wieder chippen müssen, auch mit Bergauflagen werden

Abb. 63
Auf die Rechtstendenz des Balls reagieren Sie mit einem leicht geschlossenen Schlägerblatt beim Ansprechen des Balls.

Sie es zu tun bekommen, und vor allem mit der unangenehmen Situation, wenn Sie bergab chippen müssen. **Müssen Sie aufwärts spielen,** so addieren sich die Hangneigung und der Loft des Schlägers. Der Ball geht dann meist zu hoch. Man verschätzt sich in der Länge und bleibt zu kurz. Gleichen Sie das durch die Wahl eines Schlägers mit geringerem Loft aus. Also ein Eisen 8 statt des Pitching Wedges. Sprechen Sie den Ball mehr am linken Fuß an und richten Sie Ihre Schultern und Hüften parallel zum Hang aus. Sie können jetzt sozusagen am Hang entlang schwingen und haben der Gefahr

71

Chippen

Abb. 64
Die Ansprech-
haltung berg-
auf. Stehen Sie
betont fest auf
Ihrem rechten
Bein. Während
des Schlags
können Sie so
nicht nach
unten kippen.

Abb. 65
Die Ansprech-
haltung berg-
ab. Achten Sie
besonders
darauf, Ihren
Körper so zu
stabilisieren,
daß er
während des
Schlags nicht
nach vorn
kippt.

vorgebeugt, in den Boden zu hacken (Abb. 64). Das rechte Knie ist zur Stabilisierung des Körpers leicht einwärts gebeugt. Zielen Sie stets ein wenig nach rechts. Die Chips aus solchen Lagen haben die Angewohnheit, nach links zu gehen. Grundsätzlich gilt bei Hanglagen auch noch folgendes: Versuchen Sie vor dem Ansprechen des Balls, ganz gelockert und natürlich im Gelände zu stehen, als hätten Sie gar nicht die Aufgabe vor sich, in Kürze einen Ball spielen zu müssen. Das schafft den Vorteil, daß sich Ihr Körper instinktiv auf die Unebenheiten im Gelände einstellen kann; zum Beispiel neigt er sich ganz unbewußt vom Hang weg, wenn Sie bergauf spielen müssen. Achten Sie einmal darauf, wie Sie Ihr Körper unterstützt, wenn Sie ihn nur lassen.

Bei **Hangabwärtslagen** achten Sie darauf, Ihre Schultern wiederum der Hangneigung anzugleichen (Abb. 65). Der Ball ist deutlich nach hinten versetzt. Das linke Knie ist leicht nach innen gebeugt, damit Sie sicher stehen. Hangabwärtslagen führen meist dazu, daß man die Bälle so trifft, daß sie flacher fliegen, als es dem Loft des gewählten Schlägers entspricht. Das sollten Sie bei der Schlägerwahl nicht außer acht lassen. Die Bälle rollen weiter, vor allem wenn das Gelände auch noch zur Fahne zu hängt. Mindestens einen, wenn nicht zwei Schläger weniger ist unter solchen Voraussetzungen das Mittel zum Ausgleich: statt, sagen wir, eines Eisens 7 ein Eisen 8 oder 9.

Auch bei Bergablagen bleibt Ihr Körpergewicht immer auf der linken Seite und zwar nicht nur beim Ansprechen, sondern während des gesamten Schlags. Dadurch, daß sich Ihre Schultern der Hangneigung beim Ansprechen angepaßt haben, können Sie jetzt mit dem Hang schwingen. Ihr Schlag wird sozusagen vom Gelände geführt.

Mit Autorität

Bevor wir uns schnell zur Ruhe kommenden Chips zuwenden, etwas Grundsätzliches zum Treffen des Balls. Die guten Spieler werden nicht müde, darauf hinzuweisen, daß auch so kurze Entfernungen wie die Chipdistanzen durch hartes, ja aggressives Treffen des Balls gemeistert werden müssen. Chips müssen mit Autorität gespielt werden. Holen Sie verhältnismäßig wenig aus und bemühen Sie sich aber dann, hart zu schlagen. Damit unterstützen wir im übrigen auch die Forderung nach möglichst wenig Körperbewegung. Keinesfalls sollten Chips mit großen Schwungradien gespielt werden, um dann, weil angeblich dem Gefühl mehr Raum gegeben wird, den Ball weich zu treffen – ihn in Wahrheit aber nur aufs Grün zu löffeln. Wiederholbare Präzision wird sich mit solcher Technik erfahrungsgemäß nicht einstellen. Vorschub wird dem harten Treffen des Balls geleistet durch die Betonung des linken Arms und der linken Hand als Führungseinheit bis zum Treffmoment. Die Betonung der linken Seite ist nicht zuletzt auch deshalb von Bedeutung, weil so einem zu frühen Schließen des Schlägerblatts durch die rechte Hand und dem daraus folgenden Pull vorgebeugt wird. Eine dominante linke Hand sorgt zudem dafür, daß die Handgelenke während des Schlags nicht brechen.

Der Loft eines Sand Wedges oder gar der von »Lofties« (Loft Wedges von 60 bis 64°) reicht normalerweise aus, den Ball mit der bisher beschriebenen Technik so hoch zu spielen, daß damit Hindernisse vor dem Grün jederzeit überschlagen werden können. Nur: Was ist, wenn die Flagge ganz vorne am Grünrand und unmittelbar hinter einem Bunker postiert ist, und Sie unbedingt einen Schlag nahe an die Fahne brauchen? Da kommen Sie mit den bisher propagierten festen Handgelenken nicht sehr weit, denn bei dieser Technik ist ja immer erhebliches Ausrollen eingebaut – genau das, was Ihrem Erfolg jetzt entgegensteht. In solcher Situation, die im übrigen häufig anzutreffen ist, müssen Sie Ihrem Ball etwas mehr Backspin geben können als gewöhnlich. Ein so behandelter Ball fliegt hoch, landet weich und rollt nur kurz aus.

Wenn Sie auf alle Anforderungen, denen Sie beim Chippen ausgesetzt sind, erfolgreich reagieren können wollen, müssen Sie neben der Grundtechnik fester Handgelenke auch die im folgenden beschriebene beherrschen.

73

Chippen

Für einen solchen *Floater,* wie Ballesteros diesen Schlag nennt, wird die Ansprechposition verändert. Der Ball liegt sehr weit vorn und zwar etwa auf Höhe der linken Ferse. Der Stand bleibt relativ eng – so wie schon bekannt –, aber Füße, Knie, Hüften, vor allem aber die Schultern (!) sind gut nach links vom Ziel ausgerichtet. Ein solches Ansprechen führt ganz automatisch zu einer **Schwungebene von außen nach innen,** was für den Backspin eine wichtige Voraussetzung ist. Weil der Ball so weit vorn liegt, ist es

nicht besonders schwierig, mit dem Körper während des gesamten Schlags hinter dem Ball zu bleiben, was das Entscheidende für dessen weiche Landung ist. Der Schlag muß mit offenem Schlägerblatt gespielt werden. Damit sich der Schläger im Treffmoment nicht schließt, bleiben die **Hände schon beim Ansprechen leicht hinter dem Ball,** und auch das Körpergewicht erfährt eine 40:60-Verlagerung auf die **rechte** Seite. Beim Rückschwung kommt jetzt die **rechte** Hand gezielt ins Spiel.

Abb. 66 Immer wenn Sie aus höherem Gras spielen müssen, sollten Sie an den »Flyer«-Effekt denken. Weil sich im Treffmoment Gras zwischen Ball und Schlägerblatt befindet, nimmt der Ball keinen oder nur wenig Backspin an und rollt daher immer verhältnismäßig lang aus. Die Luft/Boden-Verhältnisse (siehe S. 68) verlieren daher ihre Gültigkeit.

74

Sie zieht den Schläger auf einer Schwungebene nach außen zurück, wobei das Schlägerblatt deutlich steil nach oben geht, was durch ein betontes Abwinkeln der Handgelenke bewerkstelligt wird. Im Abschwung, bei dem das Gewicht rechts bleibt, führt wiederum die rechte Hand, und Sie müssen jetzt alles daransetzen, mit dem Schlägerblatt unter den Ball und durch ihn hindurchzukommen. Wenn Sie alles richtig machen, befinden sich Ihre Hände im Treffmoment hinter dem Ball. Bei dieser Technik, die natürlich ungleich schwieriger ist als die normale Chiptechnik, halten Sie sich an den Leitsatz **rechts unter links,** was sich auf die Hände bezieht und für den gesamten Schlag Gültigkeit hat.

Den *Floater* sollten Sie nur dann anwenden, wenn Ihnen die Spielsituation keine andere Wahl läßt. Er ist schwierig, erfordert ständiges, intensives Üben und ist riskant. Zudem ist sehr gute Körperbeherrschung gefragt und das genaue Wissen, wie er zu spielen ist, sowie eine Portion Ballgefühl, die nicht jedem von Haus aus gegeben ist. Wenn Sie sich allerdings in der Lage sehen, den *Floater* zu beherrschen, dann können Sie auch aus dem Rough ums Grün herum herausspielen. Ein Schlag, der Ihnen in Ihrer Golfkarriere sehr oft begegnen wird.

Für diesen Schlag wählen Sie je nach Entfernung einen Sand Wedge oder einen Pitching Wedge. Der Ball liegt in der Mitte, vielleicht sogar ein wenig rechts in Ihrem Stand. Wie Ihnen das am besten zusagt, müssen Sie selbst herausfinden. Am Rande sei erwähnt, daß Training nicht nur darauf abzielen sollte, die Bälle zu dieser oder jener Stelle zu befördern, sondern für sich auch herauszufinden, bei welcher Ballposition man am besten trifft, wie der Körper ausgerichtet sein muß, um erfolgreich zu zielen oder beispielsweise wie stark Sie die Handgelenke abwinkeln müssen, damit Sie gut unter den Ball kommen. Beim Chip aus dem Rough sind Stand und Schlägerblatt offen (Abb. 66). Ein steiler Rückschwung, wobei das rechte Handgelenk früh abgewinkelt wird, beugt vor, vom Gras nicht allzusehr behindert zu werden. Unternehmen Sie bewußt den Versuch, etwas hinter dem Ball und von oben in den Boden zu schlagen (ähnlich wie beim Bunkerschlag) und denken Sie an »rechts unter links«. Vergessen Sie nicht: Ein aus dem Rough herausgeschlagener Ball rollt weiter aus. Das zwischen Ball und Schlägerblatt sich befindende Gras nimmt dem Ball relativ viel von seinem bei dieser Technik sonst üblichen Backspin.

Zwei Dinge noch zum Schluß des Chip-Kapitels. Beim Spiel ums Grün herum stellt sich wiederholt die Frage: Fahne stecken lassen oder herausnehmen? In Amerika haben diejenigen, die es genau wissen wollten, über 10 000 Bälle von einer Maschine schlagen lassen, um herauszufinden, wie man sich bei kurzen Schlägen am besten entscheidet. Das Ergebnis: Bei Annäherungsschlägen sollte die Flagge – sofern Sie natürlich nicht auf dem Grün putten – immer gesteckt bleiben. Auf diese Weise fallen statistisch ausgewertet 10 Prozent mehr Bälle ins Loch, als dies bei gezogener Fahne der Fall wäre.

Ein weiterer Gesichtspunkt bezieht sich auf Ihr Training. Chippen Sie nicht stur Hunderte von Bällen von einer Stelle aus zu einer Fahne auf dem Übungsgrün. Überzeugen Sie sich zuerst, daß man in Ihrem Club überhaupt aufs Übungsgrün chippen darf. Wenn ja, muß Ihre Devise für den optimalen Erfolg Ihres Bemühens sein: von den verschiedensten Stellen aus alle Fahnen gleichermaßen anzuspielen und dies mit jeweils unterschiedlichen Schlägern. So haben Sie nicht nur Ihre gesamte Technik dauernd auf dem Prüfstand, sondern Sie lernen auch abzuschätzen, welcher Schläger Ihnen die beste Annäherung aus der jeweiligen Lage bringt. Und wenn Sie sich damit noch nicht ausreichend gefordert fühlen, dann hängen Sie unmittelbar an den Chip den jetzt fälligen Putt dran. Effizienter können Sie nicht trainieren. Mit zwei Schlägen einzulochen ist die Aufgabe. Ihre Leistung läßt Sie zu keiner Zeit im unklaren darüber, wie gut oder schlecht Sie chippen und ob zum Beispiel Ihr Putten gut genug ist, das schlechtere Chippen auszugleichen. Spielen Sie dabei mit Ihren Partnern ein paar Mark aus. Sie werden erkennen, daß Sie genausoviel Spaß auf der Übungswiese haben können wie auf der vollen Runde. Meist allerdings nur dann, wenn Sie gewinnen. Und das wünschen wir Ihnen natürlich von Herzen.

Sand

Die gute Nachricht zuerst: Selbst wenn Sie bisher noch nie mit Anstand aus einem Bunker herausgekommen sind – Ihnen kann geholfen werden. Mit dem »Alien« gibt es nämlich einen »*ultimate Sand Wedge*«, der derart einfach zu spielen ist, daß Sie alle Aufgaben aus dem Sand mühelos bewältigen können. Vielleicht nicht ganz so effizient und elegant wie Seve Ballesteros (Abb. 67), nur einmal herauszukommen aber ist ja auch schon etwas. Der amerikanische Hersteller ist jedenfalls überzeugt von seiner Kreation. Er nimmt den Schläger zurück, wenn der Kunde mit dem ersten Schlag dem Sand nicht tatsächlich entkommt. Das klingt jetzt sehr nach Reklame, werden Sie sich womöglich denken. Aber wir sagen das hier, weil wir den »Alien« getestet haben und nachhaltig beeindruckt sind.

Das Spiel aus dem Sand ist mit der Geschichte des Golfsports eng verbunden. Dessen eigentlicher Anfang liegt zwar nach wie vor im dunklen, einigermaßen sicher aber darf man sein, daß Golf schon mehr als 500 Jahre lang gespielt wird. Und schon in den frühesten Anfängen mußten die Spieler mit der gleichen Leiden-

Abb. 67
Alle vor ihm liegenden Bälle hat Seve Ballesteros aus etwa 20 Meter Entfernung im Umkreis von 1 Meter an die Fahne gelegt.

77

Sand

Abb. 68
Die Fairway-Bunker liegen meist zwischen 150 und 220 Meter vom Abschlag, die Distanz-Bunker 20 bis 50 Meter vom Grün entfernt. Zur Verteidigung des Grüns sind die Grünbunker unmittelbar ums Grün herum angeordnet.

Grün-bunker

Distanz-Bunker

Fairway-Bunker

schaft wie heute ihrem Hobby gefrönt haben, denn 1457 verbot der schottische König James II. jede golferische Betätigung. Der Grund: Golf ging zu Lasten des regelmäßigen Trainings der Bogenschützen, und die waren wichtig für die Verteidigung des Landes. 1774 wurde in Schottland der erste Club gegründet, und dann dauerte es immerhin bis 1888, bis in den USA der erste entstand – der St. Andrew's Club of Yonkers. In den Anfängen spielte man natürlich noch nicht auf manikürten Grüns und Fairways, sondern auf den Wiesen entlang der Küste. Und dabei lagen die Bälle natürlich immer wieder in den Dünen, so daß das Spiel aus dem Sand von Anfang an mit dem Golf untrennbar verbunden ist. Die schottischen *Links Courses* legen dafür beredtes Zeugnis ab. »Links« ist nämlich die altschottische Bezeichnung für Dünen.

Heute gibt es auf der Welt eine Reihe berühmter Plätze, deren Markenzeichen der Sand ist. Erinnern Sie sich an Kiawah Island, wo 1991 der Ryder Cup ausgetragen wurde – der Erdteilkampf USA gegen Europa. Hier muß soviel vom Sand aus gespielt werden, daß die Regel der zwei Strafschläge außer Kraft gesetzt ist. Der Schläger darf, sofern es sich nicht um Grünbunker handelt, beim Ansprechen straflos aufgesetzt werden. In Oakmont/Pennsylvania – sechsmal wurden hier schon die US Open abgehalten – gibt es soviel Sand, daß das Gelände niemals zur Gänze gerecht werden kann.

Der Sand Wedge

Zum Glück für alle Golfspieler erfand Gene Sarazan im Jahr 1932 den Sand Wedge: einen Schläger mit auffallend breiter Sohle, der bei richtiger Führung nicht tief in den Sand eindringt, eben weil die breite Sohle dies verhindert, sondern durch den Sand gleitet und den Ball dabei förmlich herausschneidet.

Abb. 69 Sand Wedges: Man unterscheidet Modelle mit schmaler und breiter Sohle. Auch der L-Wedge (60°) eignet sich ganz vorzüglich für das Spiel aus dem Sand, vor allem für kurze und hochfliegende Bälle. Ungewöhnlich ist das Design des Alien.

In Abb. 69 sind Sand Wedges mit recht verschiedenartig ausgebildeten Schlägersohlen zu sehen. Die Hersteller decken damit die unterschiedlichen Texturen des Sands ab. Ist der Sand wie Puder, tut man sich leichter, wenn die Sohle sehr breit ist. Der Schläger soll unter solchen Voraussetzungen nicht allzu tief eindringen. Aus grobkörnigem, noch dazu feuch-

79

Sand

Abb. 70 Das Besondere am Sand Wedge. Die breite Sohle übernimmt eine Art Steuerfunktion, die dafür sorgt, daß der Ball aus dem Sand sozusagen herausgeschnitten werden kann.

tem Sand entkommt man erfahrungsgemäß leichter, wenn der Sand Wedge eine schmalere Sohle besitzt. Man kommt dann gut unter den Ball. Auf die Sohle also kommt es an. Und gleich an dieser Stelle der wohl wichtigste Tip für Sie: Müssen Sie aus dem Bunker spielen, dann stellen Sie Ihren Schläger auf dem Vorgrün so auf, daß die Sohle **plan** aufliegt. Überprüfen Sie das ganz genau! Nur

mit dieser Sohlenstellung machen Sie sich den eingebauten Vorteil dieses Schlägers zunutze (Abb. 70). Greifen Sie, bevor Sie jetzt in den Bunker marschieren, den Schläger so, daß Sie sicher sein können, diese Sohlenstellung während des Schwungs exakt einhalten zu können. Allein schon mit dieser kleinen Vorübung werden Sie feststellen, daß sich Ihre Erfolgsrate entscheidend erhöht.

Abb. 71 zeigt das Prinzip, wie der Schläger für Sie die Arbeit macht. Ihr Ziel muß sein, den Ball nicht direkt zu treffen, sondern gezielt knapp hinter dem Ball in den Sand zu schlagen. Die Schlägersohle übernimmt dann eine Art Steuerfunktion, die das Schlägerblatt durch den Sand und unter den Ball dirigiert. Es kommt zu keinem direkten Kontakt zwischen Ball und Schlägerblatt, sondern der Ball wird auf einem Sandpolster herausgeschlagen (Abb. 72). Nachdem sich der Ball mit Hilfe eines solchen Explosionsschlags in Bewegung gesetzt hat, geht der Schläger weiter durch den Sand und dann heraus zu einem Schwungende, das betont

Abb. 71 Mit dem Schläger unter den Ball zu gelangen ist das Ziel eines guten Bunkerschlags.

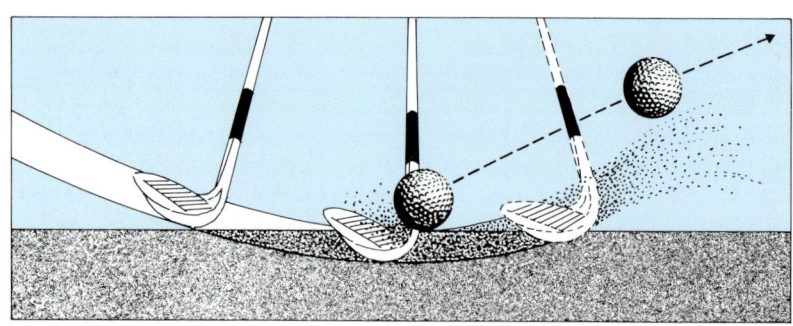

nach links ausfällt. Die Gründe hierfür werden wir gleich näher erläutern. Das **Rein → Durch → und Raus** sind das Charakteristische eines guten Bunkerschlags.

In Abb. 73 ist das Schlägerblatt zu sehen, wie es sich bei allen guten Spielern vor einem Schlag aus einem nahe am Grün gelegenen Bunker (Grünbunker) ausmachen läßt, Spezialschläge einmal ausgenommen. So schaffen Sie sich die beste Voraussetzung für ein erfolgreiches Entkommen aus dem Sand.

Abb. 74 zeigt Ihnen einen zweiten wichtigen Aspekt – den linken Daumen (!). Wie der richtige Einsatz der

Abb. 72 Ganz deutlich zu sehen: der Ball auf dem Sandpolster.

Abb. 73
Richtig liegen Sie, wenn es bei Ihnen vor einem Schlag aus dem Grünbunker unten so aussieht.

Abb. 74
Gerade beim kurzen Spiel wird für den Rückschwung starkes Abwinkeln der Handgelenke oder ein steiler Schwung gefordert. Geht der linke Daumen steil nach oben, machen Sie alles richtig.

Schlägersohle, so spielt auch dieser eine entscheidende Rolle für den Erfolg. Konzentrieren Sie sich während des Rückschwungs gezielt auf ein betontes **Daumen senkrecht nach oben.** Dadurch kommt das von allen guten Spielern geforderte frühe Abwinkeln der Handgelenke zustande oder, mit anderen Worten ausgedrückt, der steile Schwung. Das frühe und betonte Abwinkeln der Handgelenke können Sie am ehesten über einen **linken** Daumen steuern, der steil nach oben geht.

81

Nietzsche, der vielen Germanisten als Meister der deutschen Sprache gilt, hat einmal den Satz geprägt: Guter Stil beruht auf Klarheit der Gedanken. Analog dazu darf für das Golfspielen gelten: Ein effizienter Golfschwung beruht auf klaren Vorstellungen.

Nirgends trifft dies mehr zu, als wenn Sie aus dem Sand herauskommen müssen. Ihr Ziel muß sein, zum Bunkerspiel eine positive Einstellung zu bekommen und im Laufe des Trainings soviel Selbstvertrauen in sich aufzubauen, daß keine noch so schlechte Lage im Sand Sie erschüttern kann. Die beste Voraussetzung dafür ist zunächst einmal zu wissen, wie es geht, und klare Vorstellungen von der notwendigen Technik zu entwickeln.

Die meisten Golfer fürchten Bunker und reagieren panisch, weil sie nicht wissen, wie sie sich daraus befreien sollen. Und sie wissen es nicht, weil sie Bunkerschläge selten oder nie üben. Entschließen Sie sich daher wenigstens einmal in Ihrem Golfleben, wirklich zwei Stunden im Bunker zu verbringen. Ein für allemal setzen Sie sich damit von jenen 90 % der Spieler ab, die im Sand Angst haben. Bunkerschläge sind, das wird eine für Sie überraschende Erkenntnis sein, nicht so schwierig wie gemeinhin angenommen. Der in den 30er Jahren berühmte Walter Hagen hat gesagt, der Bunkerschlag sei von allen der einfachste, weil er der einzige Schlag im Golf ist, bei dem man nicht den Ball treffen muß.

Technik

Das Wesentliche an Technik finden Sie in den nachfolgenden Zeilen, so daß Sie für fast alles, was im Bunker auf Sie zukommen kann, einigermaßen gerüstet sind. Dann aber tun Sie gut daran, sich das Ganze selbst beizubringen. Etwa indem Sie mit unterschiedlichen Ballpositionen experimentieren, Ihre Ansprechhaltungen gezielt verändern, Rhythmus und Schwungtempo variieren sowie verschiedene Schlägerblattstellungen (Abb. 75) einem Test unterziehen. Jede Kombination dieser Faktoren beeinflußt den Flug Ihres Balles, wobei es für Sie in erster Linie festzustellen gilt, wie Sie am sichersten aus dem Bunker herauskommen. Regel Nr. 1 nämlich lautet: **Heraus mit dem ersten Schlag!** Kein anderer als Jack Nicklaus hat dies zur obersten Maxime des Bunkerspiels gemacht. Intensive zwei Stunden im Bunker lassen Sie die physikalischen Abläufe des Spiels aus dem Sand verstehen, und von da an wissen Sie ein für allemal, wie Sie mit den einzelnen Aufgaben am besten fertig werden.

Vielen von uns geht es ähnlich. Wenn man im Kakao liegt, denkt man: Bloß schnell raus hier! Für jeden *Recovery shot* ist diese Einstellung schlecht, im Bunker ist sie aus zwei Gründen besonders schädlich. Man vergißt, die wichtigsten technischen Voraussetzungen aus seinem Gedächtnis abzurufen, und was vielleicht noch schlimmer ist, vor lauter Angst schwingt man viel zu schnell.

1   2   3

Gerade aber bei Bunkerschlägen ist die Schwungkontrolle von besonderer Bedeutung und nur möglich, wenn man sich um eine harmonische, fließende Bewegung bemüht. Schauen Sie sich daraufhin die Spitzenspieler an. Im Sand schwingen sie meist im Zeitlupentempo.

Benutzen Sie im Sand ganz bewußt Ihre Füße. Das empfiehlt sich einerseits, um einen sicheren Stand und gute Balance zu bekommen. Graben Sie sich dazu durch auffallend drehende Bewegungen in den Sand ein. Dadurch lernen Sie andererseits den Sand und seine Textur kennen. Sie können sozusagen über Ihre Füße beurteilen, welcher Schlag jetzt vor Ihnen liegt. Als Faustregel gilt: Je feiner und trockener der Sand ist, desto leichter dringt der Schläger in ihn ein. Bei solcher Voraussetzung muß Ihr Bestreben sein, die geöffnete Schlagfläche flach unter den Ball zu bekommen und mit Schmackes durchzugehen, sprich: keinesfalls im Treffmoment abbremsen, sondern im

Abb. 75 Zum besseren Verständnis: Das Schlägerblatt ist offen oder aufgedreht (1), square (2), geschlossen (3). Je nach Aufgabe müssen Sie sich für eine dieser Stellungen entscheiden.

Gegenteil den Schlägerkopf bewußt beschleunigen. Bei schwerem und feuchtem Sand hingegen dürfen Sie den Schläger nicht so stark öffnen. Sie kommen sonst nicht ausreichend unter den Ball. Wenn Sie den Schlag mit dem Sand Wedge versuchen, so muß die Stellung des Schlägerblatts *square* sein. Bei solchen Voraussetzungen tun Sie manchmal gut daran, Schläger mit schmalerer Sohle einzusetzen (siehe S. 80) – also den Pitching Wedge oder ein Eisen 9. Wie schon beim Chippen greifen Sie bei den Schlägen aus dem Sand Ihren Schläger deutlich kürzer. Damit gleichen Sie aus, was Sie beim Eingraben Ihrer Füße im Abstand zum Ball verändert haben. Fassen Sie nicht kürzer, wird die Gefahr deutlich größer, zu tief in den Sand zu schlagen.

83

Grünbunker

Wenden wir uns zunächst den Schlägen aus dem Grünbunker zu, jenen Schlägen aus dem Sand, mit denen jeder von uns am meisten konfrontiert ist.

Abb. 76/1 zeigt die korrekte Ansprechposition. Das offene Schlägerblatt ist auf die Fahne ausgerichtet, der Körper (Schultern, Hüften und Füße) aber etwa 20–30° links vom Ziel. Dies ist eine wesentliche Voraussetzung für erfolgreiche Bunkerschläge, weil die Schwungebene dadurch automatisch von außen nach innen verläuft. Das wiederum führt zu dem gewünschten Backspin, der die Bälle auf dem Grün relativ schnell zur Ruhe

kommen läßt. Über die eingegrabenen Füße sind Sie mit dem Sand fest verankert. Die Knie sind – wie auch bei Ihrer normalen Ansprechhaltung – abgewinkelt, der Oberkörper leicht gebeugt. Schwingen Sie in der Ebene zurück, wie Ihr Körper ausgerichtet ist

Abb. 76 Die wichtigsten Kriterien beim Spiel aus dem Grünbunker: Offene Ansprechhaltung – geschwungen wird in Richtung links von der Fahne; das Schlägerblatt dagegen ist auf die Fahne ausgerichtet; die Füße sind im Sand eingegraben; der Schläger wird kürzer gegriffen (1). Während des gesamten Schwungs bleiben sowohl der Augen/Ball-Abstand als auch der Winkel zwischen Oberkörper und Oberschenkeln konstant erhalten (2).

1

2

(Abb. 76/1). Achten Sie darauf, daß während des Rückschwungs der Winkel zwischen Oberkörper und Oberschenkeln unverändert erhalten bleibt (Abb. 76/2). Das hat nämlich zur Folge, daß auch der mit dem Ansprechen festgelegte Augen/Ball-Abstand während des gesamten Schwungs annähernd beibehalten wird, was wiederum das genaue Treffen begünstigt. **Vergessen Sie das nie: den gleichbleibenden Augen/Ball-Abstand.**

Jetzt nochmals zum Griff. Wir hatten ja empfohlen, den Schläger außerhalb des Bunkers plan auf seine Sohle zu stellen und um diese Stellung herum den Griff zu formen. Wenn Sie glauben, Sie müßten Ihren Griff erst im Bunker bilden, dann kommt jetzt der entscheidende Augenblick. Öffnen Sie das Schlägerblatt und dann erst formen Sie Ihren Griff. Nehmen Sie den Schläger gleich sozusagen endgültig in beide Hände, so besteht die Gefahr, daß Sie Ihren normalen Griff einnehmen und die Hände dann nur drehen, bis Sie ein vermeintlich offenes Schlägerblatt sehen. Dieser Griff aber wirkt nicht im Sand, weil sich das Schlägerblatt im Treffmoment automatisch schließt. Es muß offen sein, bevor der Griff gebildet wird. Sofern Ihnen das nicht von selbst gelingt, ist es vielleicht eine gute Idee, wenn Sie den Schläger in die rechte Hand nehmen und den Schaft einfach so lange drehen, bis das Schlägerblatt deutlich offen ist (Abb. 77). Erst danach kommt die linke Hand dazu.

Abb. 77
Bevor Sie den Schläger in beide Hände nehmen, stellen Sie sicher, daß er richtig aufgedreht ist. Die rechte Hand hilft dabei (vgl. Text).

Bei einem normalen Bunkerschlag liegt der Ball etwa auf Höhe der linken Ferse, und das Körpergewicht ist zu 60% auf der linken Seite.

Wenn Sie sich eine solch gute Ausgangsposition geschaffen haben, ist alles weitere geradezu ein Kinderspiel. Schwingen Sie jetzt einfach so, wie Sie es gewohnt sind, und vergessen Sie dabei nicht den linken Daumen. Fixieren Sie eine Stelle im Sand einige Zentimeter hinter dem Ball und versuchen Sie genau dort den Schläger in den Sand hineinzubringen. Schneiden Sie das schon erwähnte Sandpolster heraus. Achten Sie darauf, Gefühl dafür zu bekommen, daß das Schlägerblatt unter den Ball beschleunigt. Nicht zu abruptem Abstoppen darf es jetzt kommen, sondern »durch und raus« muß die Direktive sein.

85

Wenn Sie mit dem Üben im Bunker beginnen, sollten Sie noch nicht allzu zielorientiert sein. Konzentrieren Sie sich auf die richtigen Schlagvorbereitungen und genießen Sie das Gefühl, mit offenem Schlägerblatt von außen nach innen zu schlagen. Daß der Ball dabei wie von selbst aus dem Bunker fliegt, mag Sie bestärken, sich weiteren technischen Details zuzuwenden.

Sehr schnell werden Sie beim Üben feststellen, daß es eigentlich keiner übermäßigen Kraft bedarf, sondern vielmehr der richtigen Technik. Daß Sie deshalb auch nicht mit großer Körperaktion glücklich werden, sondern eher mit einem bewußt ruhig gehaltenen Körper und sparsamen Bewegungen. Das Eintauchen des Schlägers an genau richtiger Stelle ist viel entscheidender, als das Ganze mit Kraft zu versuchen.

Immer wieder gestellte Fragen sind: **Wie fest** muß ich zuschlagen, wie weit soll ich ausholen, und wieviel Sand muß ich in dieser oder jener Situation mitnehmen? Gibt es da ein Patentrezept? Eigentlich nein, wenn man ehrlich ist. Aber eine kleine Eselsbrücke gibt es doch. Schlagen Sie einen normalen Bunkerschlag aus guter Lage mit der doppelten Kraft, die Sie bei einem Pitch gleicher Länge einsetzen würden. Muß der Bunkerschlag also etwa 12 m lang sein, so schlagen Sie ihn wie einen Pitch von 24 m. Das richtige Gefühl für die Distanzen stellt sich nur nach jahrelanger Erfahrung und intensivem Üben ein. Und zugeben müssen wir,

daß es tatsächlich sehr verwirrend ist, wenn man als unerfahrener Spieler die Empfehlung bekommt, für diese oder jene Länge müsse man $3\,^1/_2$ cm hinter dem Ball in den Sand schlagen, ansonsten aber nur 2 cm oder unter besonderer Voraussetzung $5\,^3/_4$ cm. Das ist wenig hilfreich und kann einem das Üben auf dieser Basis schnell verleiden.

Nicht weniger schwierig ist es, die Länge über die Schwungradien kontrollieren zu wollen. Also 5 m zur Fahne mit einem halben Schwung bei Eintauchstelle 2 cm hinter dem Ball, oder 10 m zur Fahne mit einem $^3/_4$-Schwung und $1\,^1/_2$ cm Eintauchstelle. Dem englischen Professional Paul Eales ist dies alles viel zu kompliziert. Er empfiehlt – und das stellt sich in der Praxis als sehr wirkungsvoll heraus –, im Bunker immer mit dem gleichen Schwungradius zu spielen und die Eintauchstelle mit etwa 1 cm hinter dem Ball immer konstant zu belassen. Die Längenfrage wird über die Ansprechposition gelöst. Dabei geht er nach einem einfachen Prinzip vor: Je offener der Stand und das Schlägerblatt, desto kürzer der Schlag – hohe Flugbahn und weiche Landung eingeschlossen. Je mehr Distanz gefordert ist, um so mehr tendiert der Stand hin zu *square*, wobei gleichzeitig das Schlägerblatt sukzessive geschlossen wird. Der Abb. 78 (1 + 2) können Sie die beiden unterschiedlichen Ausgangssituationen entnehmen. Die bestimmenden Faktoren sind nur noch das Schlägerblatt und die Ausrichtung.

Abb. 78
Ansprech-
position und
Länge: Je
offener Stand
und Schläger-
blatt (1), desto
kürzer der
Schlag. Bei
squarem Stand
und Schläger-
blatt (2) ergibt
sich Länge
sozusagen
automatisch.

1   2

Experimentieren Sie auf diesem Fel-
de. Sie werden sich wundern, wie
schnell Sie mit diesem Prinzip die
Distanzen zumindest grob in den
Griff bekommen.
Abb. 79 zeigt eine Übung, die es
Ihnen ermöglicht, vergleichsweise
festzustellen, wie es sich um die
Distanzen mit und ohne Sand verhält.
Mit einem Sand Wedge schlagen
Sie alternierend aus dem Sand, den
Sie sich selbst geschaffen haben, und
vom Gras. Verändern Sie dabei
weder Ihre Ansprechhaltung und die
offene Stellung des Schlägerblatts
noch Ihren Schwungradius.

Abb. 79 So üben Sie Ihr Distanzgefühl.
Der grobe Anhaltspunkt: bei gleicher
Entfernung zur Fahne aus dem Sand mit
doppelter Kraft schlagen.

Die wichtigsten Bunkerschläge unter dem Mikroskop:

Der hohe Ball mit weicher Landung und wenig »Roll«

Das weit geöffnete Schlägerblatt ist die wichtigste Voraussetzung. Der Stand ist sehr offen, der Ball liegt vorn im Stand etwa auf Höhe der linken Ferse. Die Hände – auch darauf sollten Sie Ihr Augenmerk richten – sind genau über dem Ball. Das Körpergewicht ist 60:40 zugunsten der linken Seite orientiert (Abb. 80). Beim Schwung selbst achten Sie auf den linken Daumen (= steiler Rückschwung) und auch darauf, daß keinerlei Überrollen der Hände stattfindet. Die linke Hand bleibt über der

rechten, bis der Ball schon längst auf der Reise ist. Es ist so, daß Sie versuchen sollten, das Schlägerblatt mit der rechten Hand unter dem Ball hindurchzuschneiden. Das bedingt im übrigen – und jetzt kommen wir zum eher fortgeschrittenen Stadium dieses Schlags –, daß der durch den steilen linken Daumen gesetzte Winkel der Handgelenke unverändert über den gesamten Schwung beibehalten wird. Wir erinnern an das »Set it and hold it«, das Sie ja schon vom Chippen her kennen. Diese bis zum Schwungende fixierten Handgelenke führen zu dem eingangs erwähnten Finish nach links (Abb. 81). Das Markenzeichen eines gekonnten Bunkerschlags ist also nicht das normale, hohe Finish. Ballesteros hat als ein wesentliches Kriterium des Spiels aus dem Grünbunker das »Always release to the left« bezeichnet. Entspannen Sie sich im übrigen im Finish nach vorn. Stehen Sie am Schwungende aufrecht da. Das verbessert das betonte Durchgehen durch den Sand.

Der flache Ball mit längerem »Roll«

Einige kleine Veränderungen sind hierfür wichtig. Erstens sollten Sie einen etwas steileren Schläger benutzen, eher einen 55°-Sand Wedge als den sonst gebräuchlichen 60°-Schläger. Der Ball liegt im Stand deutlich zurück, noch hinter der Mitte. Die Hände sind deutlich vor dem Ball, und das Gewicht verschiebt sich noch ein wenig mehr nach vorn

Abb. 80
Sehr weit vorn im Stand liegt der Ball, wenn er hochfliegen und weich landen soll.

1

2

Abb. 81
Das Finish
nach links.
Unübertroffen
in seiner
Eleganz:
Severiano
Ballesteros.

(Abb. 82). Der Stand ist nicht mehr so offen wie beim hohen Ball und auch nicht das Schlägerblatt, das *square* ausgerichtet ist. Spielen Sie den Schlag im wesentlichen so, wie Sie einen normalen Sand Wedge-Schlag vom Fairway machen. Natürlich ist es nach wie vor Ihr Bestreben, den Ball auf dem Sandpolster herauszuschlagen. Diesmal aber sollten Sie möglichst wenig Sand zwischen Blatt und Ball haben. Die Idee muß dabei sein, **den Ball aus dem Sand zu schlagen,** ihn nicht herauszuschneiden. Weniger Sand am steiler gestellten Schlägerblatt bringt naturgemäß eine flachere Flugbahn und mehr Druck nach vorn. Und das alles, nur weil Sie ein paar geradezu winzige Veränderungen der Ausgangsbedingungen vor-

Abb. 82
Die Ansprech-
haltung für den
flachen Ball
mit längerem
Ausrollen.
Auffälligstes
Kriterium: Der
Ball liegt im
Stand deutlich
zurück.

89

genommen haben. Um den Ball flacher zu halten, bedarf es keines so steilen Rückschwungs, so daß unser Daumen nicht betont ins Spiel kommen muß. Der Schwung fällt flacher, mehr um den Körper herum aus. Die Handgelenke werden nicht betont abgewinkelt, sie bleiben eher passiv.

Der eingebohrte Ball

Erste Verhaltensregel: *Don't panic!* Sicherlich ist dieses sog. Spiegelei der Alptraum aller mit dem Sand auf Kriegsfuß stehenden Spieler. Aber:

Abb. 83
Ein Alptraum
für viele
Spieler!
Nach Studium
unserer
Anleitung
allerdings
hat es damit
auch für Sie
ein Ende.

Abb. 84 Obwohl man denkt, mit dem geschlossenen Schlägerblatt den Ball eher noch tiefer in den Sand hineinzuschlagen, geschieht das Wunder – er kommt heraus.

Auch dieser Ball ist machbar und letztendlich nicht schwieriger zu spielen als die anderen Bunkerschläge. Immer vorausgesetzt, man weiß, wie's geht. Auch hier gilt wieder die Unterscheidung zwischen dem kurzen hohen Ball und dem lang ausrollenden. Zu letzterem zuerst.

Voraussetzungen:
- *Squarer* Stand,
- das Gewicht favorisiert mit 60:40 die linke Seite,
- der Ball liegt im Stand weit zurück, und ganz entscheidend
- das **Schlägerblatt ist geschlossen** (Abb. 84).

Bei der Bildung des Griffs müssen Sie ähnlich sorgfältig wie beim extrem offenen Schlägerblatt vorgehen. So vorbereitet, geht es jetzt nur noch um einen steilen Rückschwung (linker Daumen!) und des weiteren um hartes Zuschlagen in den Sand direkt hinter den Ball. Halten Sie dabei Ihren Körper so still wie nur möglich. Sie müssen versuchen, genau hinter den Ball zu kommen (Augen/Ball-Abstand). Treffen Sie schlecht, sprich zu weit vom Ball entfernt, kommt er nicht heraus. Bleiben Sie mit Ihrem Körper hinter dem Ball. Das Finish unterbleibt. Der Ball kommt, wenn Sie gut treffen, flach heraus – vergessen Sie das nicht, vor allem, wenn Sie eine hohe Bunkerkante vor sich haben. Außerdem hat er ganz schön Dampf. Kalkulieren Sie das bei der Abschätzung der Entfernung ein. Unglaublich, werden Sie sagen, wenn Sie zum erstenmal die Wirkung eines geschlossenen Schlägerblatts zu Ihrem Vorteil nutzen.

Anders muß Ihr Konzept sein, wenn der Ball eingebohrt und die Distanz zur Fahne nur gering ist, Sie also einen hohen und schnell zur Ruhe kommenden Ball benötigen. Meistens lautet ja die Empfehlung, das Schlägerblatt auch bei solchen Bällen steiler zu stellen und dadurch den Ball sozusagen mit dem Schlag auszugraben. Eine andere Technik könnte sich – eifriges Üben vorausgesetzt – auch für Sie als die erfolgreichere erweisen. Vor allem, weil sich mit dieser Art ein wunderbar kontrollierter Schlag erzeugen läßt.

Abb. 85
Das Spiegelei mit offenem Schlägerblatt gespielt. Wie steil das Schlägerblatt geführt wurde, läßt sich daran erkennen, daß es unmittelbar hinter dem Ball in den Sand eingetaucht ist.

Voraussetzungen:
- Offener Stand,
- der Ball liegt etwa in der Mitte Ihres Stands (Abb. 85),
- das **Schlägerblatt ist offen,**
- steiler, handgelenksbetonter Rückschwung, wobei die Hände bis zur rechten Schulter hochgehen.

Beim Abschwung, den Sie jetzt allerdings mit vollem Einsatz spielen müssen, saust der Schläger etwa 2 cm hinter dem Ball in den Sand. Schlagen Sie ganz betont nach unten und nicht mit der Tendenz unten durch. Der Schlägerkopf bleibt im Sand. Weil Sie so kräftig zugeschlagen haben, ist die Verdrängung des Sands so groß, daß der Ball wie auf einer Woge nach oben kommt. Überflüssig zu sagen, daß dieses immer und immer wieder trainiert werden will.

91

Sand

Mit Backspin aus dem Sand

Erinnern Sie sich an den Chip mit eingebautem Spin. Es ist ein Schlag, bei dem ganz bewußt die Handgelenke ins Spiel gebracht werden (siehe S. 74). Mit Spin spielen geht nur, wenn die Lage einwandfrei ist. Den Schlag brauchen Sie, wenn die Fahne nahe vor Ihnen steht und der Ball steil nach oben gehen muß.

Voraussetzungen:
- Offener Stand und offenes Schlägerblatt,
- steiler Rückschwung und betonter Einsatz der Handgelenke.

Wenn Sie diesen Schlag üben wollen, sollten Sie sich den Anfang insofern erleichtern, als Sie Ihren Ball immer auf ein Sandhäufchen legen. Schlagen Sie dann mit voller Wucht und schnellen Händen unter den Ball hindurch. Wenn Sie alles richtig machen, wird es Ihnen trotz dieses maximalen Einsatzes nicht gelingen, den Ball besonders weit zu schlagen. Auch kommt er fast sofort nach der Landung auf dem Grün zur Ruhe. Die Schwierigkeit dieser Technik liegt darin, daß einerseits relativ großer Körpereinsatz gefordert ist, andererseits aber die angepeilte Stelle hinter dem Ball genau getroffen werden muß. Lockern Sie nicht Ihren Griff.

Abb. 86 Die Gefahr beim Spielen mit Backspin ist, den Ball zu kurz zu lassen. Gerade bei diesen Schlägen sollten Sie daher immer das Fahnen**tuch** anvisieren – nicht das Loch.

Nur allzu leicht führt das dazu, daß der Sand Ihren Schläger frühzeitig fängt. Locker müssen die Handgelenke sein.

Der Bunkerschlag bergauf

Generell gilt: Immer wenn Sie in der Situation sind, den Ball aus einer hängenden Lage spielen zu müssen, gleich ob abwärts oder aufwärts, muß es Ihr Bestreben sein, der Hangneigung mit Ihrer Ansprechposition entgegenzuwirken. Im vorliegenden Fall geschieht dies dadurch, daß Sie den größten Teil Ihres Körpergewichts nach rechts verlagern, um Ihren Körper entsprechend der Hangneigung postieren zu können.

Voraussetzungen:
- Schultern sind parallel zur Neigung des Hangs,
- der Ball liegt auf Höhe der linken Ferse,
- das Schlägerblatt ist nur geringfügig geöffnet,
- die Hände befinden sich ein wenig hinter dem Ball,
- der Schläger wird so kurz gegriffen, daß Sie fast das Metall berühren (Abb. 87/1).

Die Tatsache, daß Sie bergauf spielen müssen, führt dazu, daß der Schläger zusätzlich Loft bekommt. Insofern braucht er nur ein wenig, wenn überhaupt, aufgemacht zu werden. Schwingen Sie entlang der Neigung und machen Sie einen ganz normalen Bunkerschlag. Um sicherzugehen, daß Sie jederzeit Ihre Ba-

1

Abb. 87 Deutlich zu sehen, wie mit der Ansprechhaltung der Hangneigung entgegengewirkt wird (1). Der Ball fliegt naturgemäß immer sehr hoch (2). Spielen Sie aggressiv, um nicht zu kurz zu bleiben. Schauen Sie sich an, wie der Körper hinter dem Ball bleibt.

2

lance unter Kontrolle haben, sollten Sie Ihren Beinen möglichst wenig Bewegung verordnen. Der Schläger wird mehr oder weniger nur durch die Arme und Hände kontrolliert. Aus einer solchen Lage heraus fliegt der Ball naturgemäß sehr hoch (Abb. 87/2) und kommt auch schnell zur Ruhe. Vergessen Sie das nicht, wenn Sie den Schlag vor Ihrem geistigen Auge ablaufen lassen. Seien Sie ruhig ein bißchen aggressiv. Es ist eine Tatsache, daß die meisten Bälle aus solcher Lage zu kurz sind.

Der Bunkerschlag bergab

Kein Schlag ist schwerer, vor allem wenn das Gelände stark hängt. Der Ball ist dann meist in seinem Verhalten völlig unberechenbar. Diesmal

fordert die Hangneigung, daß Ihr Körpergewicht auf die linke Seite verlagert ist, damit Sie zu einem gesicherten Stand kommen. Stellen Sie sich so bequem wie möglich hin, ein weiter Stand unterstützt Ihr Bemühen um Stabilität. Gehen Sie gut in die Knie. Wiederum sind die entsprechenden Vorkehrungen für den Schlag entscheidend für dessen Erfolg (Abb. 88/1).

Voraussetzungen:

- Der Ball liegt im Stand deutlich zurück,
- Stand und Schlägerblatt sind offen,
- die Hände sind immer vor dem Ball,
- beim Ansprechen werden die Hände besonders tief gehalten.

Abb. 88
Der Bunker-schlag bergab. Ganz kurz vor dem Treffen des Balls (1). Der hier demonstrierte Schwung-gedanke (2) ist, das Schläger-blatt so lang wie möglich der Neigung des Bunkers folgen zu lassen.

Die tiefgehaltenen Hände, die wir schon beim Putten besprochen haben (siehe S. 26), ermöglichen ein besonders schnelles Abwinkeln der Handgelenke und damit den steilen Rückschwung, der diesmal gar nicht steil genug ausfallen kann. Üben Sie dieses schnelle Abwinkeln vor dem eigentlichen Schlag ein paarmal. Passen Sie aber auf, daß Sie dabei nicht den Sand an der Bunkerkante treffen (2 Strafschläge). Erst wenn diese Versuche Sie richtig eingestimmt haben, sollten Sie den eigentlichen Schlag wagen. Während des Vorschwungs bemühen Sie sich, Ihren Unterkörper wiederum relativ ruhig zu halten, damit Ihre Arme und Hände sehr genau auf dem vorgeschriebenen Weg, nämlich parallel zur Hangneigung, folgen können. Achten Sie dabei darauf, daß Sie das Schlägerblatt trotz des steilen Schwungs unter den Ball bringen und auch durch den Sand hindurchkommen. Strecken Sie Ihre Arme und Hände bewußt entlang der Hangneigung (Abb. 88/2). Ihr Finish soll flach ausfallen, und flach kommt auch der Ball heraus. Der Schlüssel zum Erfolg liegt neben vielem Üben natürlich darin, mit dem Schläger entlang dem Hang nach unten zu schwingen. Das gelingt am besten, wenn Sie Ihren Kopf absolut still auf den Ball gerichtet halten. Ein klein wenig zu früh aufgeschaut und das Resultat verschlechtert sich drastisch. Bei diesem Schlag sollten Sie immer davon ausgehen, daß der Ball lang ausrollt. Seien Sie zufrieden, wenn Sie den Ball aufs Grün bringen.

Oftmals müssen Sie schon glücklich sein, ihn überhaupt aus dem Bunker herausgeschlagen zu haben. Aus solch mißlicher Lage dürfen Sie nicht allzu viel erwarten.

Andere Schläger

Wollen Sie Ihren Ball aus dem Grünbunker schlagen, so kommt dafür keineswegs nur ein Sand Wedge in Frage. Auch andere Schläger leisten dabei wertvolle Dienste. In manchen Situationen sind sie sogar geeigneter als dieser Spezialschläger.

Abb. 89 Hier die Auswahl derjenigen Schläger, auf die beim Spiel aus dem Sand im Text Bezug genommen wird.

Wenn Sie eine gute Lage haben, der Bunker auf den Weg zur Fahne keine Kante hat, flach ist und der Sand nicht allzu weich, können Sie es durchaus mit dem **Putter** versuchen. Technisch ist ein solcher Schlag sicherlich leichter zu bewerkstelligen

95

als ein Explosionsschlag. Natürlich müssen Sie um einiges fester zuschlagen, als wenn Sie die gleiche Distanz auf dem Grün bewältigen wollen. Sowohl der Sand als auch das Vorgrün bremsen den Ball manchmal sogar gewaltig ab.

Der **Pitching Wedge** ist der ideale Schläger, wenn Sie aus einem Bunker spielen müssen, der eigentlich gar keinen lockeren Sand mehr aufweist, sondern wo sich der Untergrund verbacken präsentiert. Das kann passieren, wenn Sonne und Regen häufig abwechseln oder die Bunker nicht ausreichend gepflegt werden. Auf so hartem Untergrund prallt die breite Sohle des Sand Wedge ab, so daß meist dünn getroffene Bälle die Folge sind.

Der in der Regel mit deutlich schmalerer Sohle ausgestattete Pitching Wedge erlaubt ein besseres Eindringen in den harten Untergrund, so daß der Ball trotz widriger Bedingungen herausgeschnitten werden kann. Also unbedingt merken: bei hartem Sand Pitching Wedge benutzen. Überhaupt sollten Sie Ihren Mitspielern gegenüber immer wieder einmal die Trickkiste aufmachen. Sie haben ja dieses Buch gelesen und sind mit Techniken vertraut, die andere aller Wahrscheinlichkeit nach nicht kennen. Da besteht zum Beispiel die Ausgangslage »feuchter und tiefer Sand«, eine Situation, die nach dem herkömmlichen Muster so ohne weiteres nicht zu bewältigen ist. Der Sand Wedge nämlich wird seiner breiten Sohle wegen zu schnell beim Eindrin-

gen in den Sand gestoppt, so daß Sie nicht ausreichend unter den Ball kommen, vor allem wenn dieser halb oder sogar tief eingebohrt ist. Um solchen Situationen gegenüber gewappnet zu sein – es gibt sie leider öfter, als Sie sich das bei der Lektüre dieser Zeilen vorstellen können –, treten Sie bei Ihrem nächsten Sandtraining ein paar Bälle in den Sand eines feuchten Bunkers. Versuchen Sie es jetzt zuerst mit einem **Sand Wedge,** dann vergleichsweise mit einem **Pitching Wedge,** ja sogar mit einem **Eisen 9.** Spielen Sie die Bälle alle mit der gleichen Technik. Leicht geöffneter Stand, *squares* Schlägerblatt, steiler Rückschwung, Ball vor dem rechten Fuß und 2 cm hinter dem Ball in den Sand schlagen. Es könnte sich sehr schnell herausstellen, daß Sie die Bälle mit den Schlägern schmalerer Sohlen leichter herausbringen als mit dem Sand Wedge, den Ihre Gegner beim Jahreslochwettspiel routinemäßig benutzen und damit *down* gehen.

Sie liegen im Grünbunker, aber weit von der Fahne entfernt. Gute Lage und keine im Wege liegende Bunkerkante vorausgesetzt, können Sie es mit einem *Chip and Run* versuchen, wobei **je nach Entfernung ein 7er-, 6er- oder 5er-Eisen** zum Einsatz kommen (Abb. 90).

Fassen Sie den Schläger wie immer kurz und nehmen Sie einen leicht geöffneten Stand ein. Der Ball wird in etwa aus der Mitte des Stands gespielt. Sie müssen jetzt den Ball sauber treffen – *clean,* wie das in der

Golfsprache heißt –, d.h. es ist kein Sand zwischen Schlägerblatt und Ball. Um dies erfolgreich zu bewerkstelligen, müssen Sie – wie schon vom Chippen bekannt – in flacher Ebene zurück- und auch wieder vorschwingen. Vergessen Sie Ihren Daumen und den sonst üblichen steilen Rückschwung. Die Schultern übernehmen im wesentlichen die Steuerfunktion, die Handgelenke winkeln nur wenig ab und übernehmen keine betont aktive Rolle. Achten Sie auf den linken Handrücken. Er ist im Treffmoment *square* zum Ziel ausgerichtet. Eben weil Sie den Ball so genau treffen müssen, erinnern wir Sie an den Augen/Ball-Abstand. Fixieren Sie den Ball ganz genau und halten Sie Ihren Körper so ruhig wie nur möglich. Den Schläger kürzer zu greifen versteht sich von selbst.

Abb. 90 Der »Chip and Run« aus dem Bunker – hier mit einem Eisen 5 gespielt – zeichnet sich unter anderem durch sehr sparsame Bewegung der Arme aus. Auf den beiden Bildern erkennen Sie dies, wenn Sie den linken Arm unter die Lupe nehmen. Wenn Sie solche Schläge üben, werden Sie um so erfolgreicher sein, je mehr es Ihnen gelingt, sich auf die Bewegung des Schlägerkopfes zu konzentrieren. Achten Sie auf das gestreckte (ungebrochene) linke Handgelenk nach dem Treffen des Balls und die gerade Linie zwischen Schlägerkopf und linker Schulter.

1

2

Abb. 91 Mit zu den schwierigsten
Schlägen werden jene aus den Distanz-
Bunkern gezählt, wenn diese etwa 20
bis 50 Meter vom Grün entfernt sind.
Kleinste Fehler zeitigen in der Regel
miserable Ergebnisse.

Distanz-Bunker

Ein ganz eigenes Kapitel sind die
sog. *Long range*-Bunkerschläge. Hierbei befinden sich die Bunker etwa
50 m vom Grün entfernt und die vordere Bunkerkante ist so hoch, daß
kein anderer Schläger als der Sand
Wedge gespielt werden kann. Der
Schlag ist gefürchtet und zählt zu den
schwierigsten überhaupt. Sogar aus-
gebuffte Tour Pros suchen ihn unter
allen Umständen zu vermeiden. Das
Problem solcher Schläge liegt darin,
daß sich schon kleinste Fehler kata-
strophal auswirken. Ein bißchen zuviel Sand beim Treffen, und der Ball
bleibt kurz, zu dünn getroffene Bälle
segeln meist über das Grün hinaus.
Wenn Sie sich in solcher Situation
befinden, dann sollten Sie in Ihre
Hosentasche fassen und dort das
berühmte Taschentuch mit dem Kno-
ten in die Hand bekommen. Es erinnert Sie daran, daß Sie jetzt alles
vergessen müssen, was Sie normalerweise für das Spiel aus dem Sand be-
reithalten. *Long range*-Bunkerschläge
erfordern einen ganz normalen Golf-
schlag!
Squarer, allenfalls leicht offener
Stand, *squares* Schlägerblatt, das
Körpergewicht zu 60 % auf der linken
Seite. Den Schläger fassen Sie ein
wenig kürzer, weil dies das Risiko
reduziert, beim Schlag zuviel Sand
mitzunehmen. Der Ball muß ziemlich
weit vorn im Stand liegen.
Das ist nach Meinung der Spitzenspieler geradezu ein Imperativ, weil
er einem eher flachen, fegenden

Schwung Vorschub leistet. Dieser führt am ehesten dazu, den Ball *clean* getroffen von der Sandoberfläche wegzuputzen.

Wenn Sie die speziellen Voraussetzungen in Ihrer Ansprechhaltung realisiert und sich zudem auf einen Schlag eingestimmt haben, wie Sie ihn vom Fairway aus machen würden, dann haben Sie diesem angeblich so schwierigen Unterfangen schon die Spitze gebrochen. Jetzt sollten sich Ihre Gedanken darauf richten, einen ausreichend langen Rückschwung zu machen, um sicherzugehen, den Ball weit genug durch die Luft segeln zu lassen. Ihr Rhythmus bleibt dabei, so wünschen wir es Ihnen, unaufgeregt und Ihr Unterkörper eher passiv. Bei zuviel Hin und Her von Knien und Hüften können Sie sich sehr schnell in die Lage versetzen, von ähnlicher Stelle den gleichen Schlag noch einmal versuchen zu müssen. Halten Sie Ihre Balance. Bleiben Sie entspannt und vertrauen Sie darauf, daß Ihr normaler Schwung all die anstehende Arbeit für Sie übernimmt.

Fairway-Bunker

Weil Fairway-Bunker in der Regel so weit von den Grüns entfernt liegen, daß aus ihnen mittlere und lange Eisen – gelegentlich sogar Hölzer – gespielt werden müssen, um das Grün zu erreichen, sind die Schläge aus Fairway-Bunkern kaum noch dem kurzen Spiel zuzuordnen. Dennoch wollen wir dieses Kapitel hier abhandeln, damit Sie alles, was den Sand betrifft, beieinander haben.

Golfplatzarchitekten sind unbarmherzig. Nicht nur, daß sie die einzelnen Spielbahnen unsäglich lang anlegen und die Grüns durch Bunker, Bodenwellen und Wasser vielfach zu nur schwer einnehmbaren Festungen gestalten, besonders infam sind die Fairway-Bunker. Natürlich immer an den strategisch wichtigen Stellen plaziert, zerstören sie gelegentlich schon gleich nach dem Abschlag alle Blütenträume von einem Loch, das man sich besonders gut zu spielen vorgenommen hatte. Fairway-Bunker sind Schauplätze von Dramen, aber auch von höchst gloriosen Schlägen. Vor Jahren einmal erlebten die deutschen Fernsehzuschauer, wie Bernhard Langer mehrere Versuche benötigte, um aus einem Monstrum von Fairway-Bunker überhaupt nur wieder herauszukommen. Die Lage des Balls war schlecht und die Bunkerkante sehr steil. Entsetzt und allen Ernstes fragte damals der Kommentator: »Was macht er jetzt? Geht er nach Hause?« In einem Zählspiel, wohlgemerkt. Jack Nicklaus sagt von sich, daß er einen seiner besten Schläge überhaupt aus einem Fairway-Bunker spielte. Mit einem Holz 3 legte er den Ball aus 225 m tot an die Fahne, betonte aber ausdrücklich, daß der Sand ganz eben und fest und die Lage des Balls ausgezeichnet waren. Auch wies der Bunker keine Kante auf. Zu Ballesteros' vielen legendären Schlägen zählt ebenfalls ein solcher

Bunker Shot. Aus gut 210 m schlug er während eines Ryder Cup Matches seinen Ball zum Birdie an den Stock. Das Besondere an diesem Schlag: Die Ballage war nicht gut, der Bunker hatte eine deutlich ausgebildete Vorderkante, und zwischen Bunker und Fahne befand sich ein 100 m langer Teich! Alle Experten, die den Schlag nachträglich kommentierten, hätten ihrerseits den Ball mit einem Eisen 8 seitlich herausgespielt. Der Schlag war in den Augen der Fachwelt derart verblüffend, daß Ken Venturi, Fernsehkommentator und selbst Major-Gewinner, sagte: »He plays a game that's unknown to me!« Was das Spiel von uns Normalsterblichen anlangt, so gilt als wichtigste Maxime, alles daranzusetzen, **aus dem Fehler im weiteren Verlauf keine Katastrophe werden zu lassen.** Strategisches Denken ist in solcher Situation oberstes Gebot. Was geht und was nicht geht, sollten Sie jetzt auf der Waagschale nüchterner Betrachtung prüfen. Da man bekanntlich erst aus Schaden klüger (nicht klug) wird, machen Sie doch ein paar Experimente mit sich. In spielarmer Zeit knöpfen Sie sich den Fairway-Bunker am 6. Loch vor. Erleben Sie am eigenen Leib, wie schwierig es wird, lange Schläge zu produzieren, wenn der Ball nicht obenauf liegt, Sie womöglich nicht eben stehen können oder die Bunkerkante das direkte Spiel zum Grün behindert. Selbst wenn Ihnen bei solch ungünstigen Bedingungen tatsächlich ein Traumschlag gelingt, ist dies noch lange

kein Indiz dafür, daß das nach längerem Üben immer so sein wird und vor allem nicht, daß es auch unter Wettkampfstreß funktioniert.

Wenn nicht wirklich sehr gute Ausgangsbedingungen vorliegen, tun Sie am besten daran, seitlich herauszuspielen und dann auf einen geglückten Annäherungsschlag zu bauen. Welcher Weg ist der sicherste, müssen Sie sich fragen, und wohin genau spiele ich, damit ich die beste Ausgangsposition für den nächsten Schlag habe? *Percentage play* ist die Überschrift solcher strategischer Überlegungen.

Sprechen nicht alle Bedingungen gegen Sie, so können Sie es vielleicht mit einem 9er oder 8er Eisen versuchen, um dadurch näher ans Grün zu kommen. Aber auch dann noch große Vorsicht und kein Übermut! Bedenken Sie immer **im voraus,** wohin ein etwaiger Fehlschlag segeln könnte. Wenn zum Beispiel rechts viel Wasser ist, dann richten Sie sich betont nach links aus. Können Sie

Abb. 92 In solch einer Situation aus einem Fairway-Bunker das etwa 130 Meter entfernt liegende Grün anzugreifen, sollte man sich sehr genau überlegen. Die Bunkerkante will überspielt werden und rechts droht der Wald. Außerdem ist das Grün sehr wirkungsvoll von Bunkern verteidigt. Wer sich seines Erfolgs nicht absolut sicher ist, tut gut daran, defensiv herauszuspielen und dann mit besseren Erfolgsaussichten das Grün anzugreifen. Der Platz ist La Pinetina, Oberitalien.

tatsächlich das Grün guten Gewissens angreifen, aber rechts ist wieder Wasser und die Fahne steht zu allem Überfluß auch noch rechts auf dem Grün, so orientieren Sie sich unbedingt nach links und konzentrieren sich dann lieber auf einen guten Putt. Denken Sie immer daran, daß Fehlschläge weniger aus dem technischen Unvermögen Ihres Bunkerspiels entstehen als viel eher auf strategischen Fehleinschätzungen basieren. Das Spiel aus dem Sand mit längerem Eisen nämlich kann genauso einfach sein wie ein normaler Schlag vom Fairway aus. Vorausgesetzt immer, Sie behalten Ihr normales Schwungtempo bei und berücksichtigen einige spezielle Voraussetzungen in Ihrer technischen Schwungkonzeption. Bevor wir darauf näher eingehen, ein Wort noch zur **Schlägerwahl.** Gute Spieler benutzen im Fairway-Bunker, gute Bedingungen vorausgesetzt, praktisch jeden Schläger, den sie in ihrer Tasche mitführen, auch Hölzer. Manche Spieler schwören sogar auf diese mit der Begründung, daß die breite Sohle für das Spielen aus dem Sand geradezu prädestiniert sei. Sie verhindere das Eintauchen in den Sand, so daß der Ball gute Aussichten hat, *clean* getroffen zu werden. Ob das auch für Sie beim derzeitigen Stand Ihrer Schwungtechnik zutrifft, müssen Sie selbst entscheiden. Auf jeden Fall sollten Sie sich nicht abhalten lassen, aus Ihrem Übungsbunker heraus Schläge mit Hölzern wenigstens einmal zu versuchen. Was Ihr Spiel mit

den Eisen anlangt, so werden Sie, wiederum emsiges Üben vorausgesetzt, feststellen, daß Sie in der Regel kürzer als normal sind. Haben Sie mit einem 7er Eisen Längen vom Fairway aus um die 130 m, so liegt Ihr Ball, wenn Sie aus gleicher Distanz vom Fairway-Bunker aus das Grün angreifen, erfahrungsgemäß 10–20 m vor der Fahne. Das liegt daran, daß es nur in ganz seltenen Fällen zu einem wirklich einwandfreien Kontakt zwischen Schlägerblatt und Ball kommt, sondern Sie einkalkulieren müssen, daß doch etwas Sand dazwischen gerät. Oder Sie etwas zu früh in den Sand schlagen und damit Schlägerkopfgeschwindigkeit verlieren. Jack Nicklaus hält daher für Sie den Rat bereit: Immer 1 bis 2 Eisen mehr – statt einer 7 eben ein Eisen 6 oder 5. Wie schon bei den *Long range*-Schlägen dürfen Sie auch jetzt nicht den Fehler begehen, den Ball so wie aus einem Grünbunker spielen zu wollen. Also: Kein offener Stand! Kein offenes Schlägerblatt und kein steiler Rückschwung!
Um methodisch vorzugehen: Als erstes treffen Sie Ihre Schlägerwahl und zwar immer so, daß Sie problemlos die vordere Bunkerkante überspielen können. Das letzte nämlich, was Sie erleben wollen, ist, daß der Ball vorne abprallt und Sie mit der gleichen Aufgabe ein zweites Mal konfrontiert sind. Es kann sogar noch schlimmer kommen: ein Steckschuß in der Bunkerlippe. Na dann viel Vergnügen! Es ist sicherlich intelligenter, à conto Länge hier Sicherheit einzubauen.

Raus mit dem ersten Schlag muß die Devise sein. Ihre Technik ist wie gesagt kein steiler Schwung, sondern eher ein Feger, bei dem die Kraft aus der Drehung der Schultern kommt und die Handgelenke passiv bleiben. Begünstigt wird die fegende Bewegung, wenn der Ball im Stand ziemlich weit vorn liegt.

Abb. 93/1 zeigt die korrekte Ballposition und das *square* ausgerichtete Schlägerblatt. Die meisten Experten halten diese Ansprechposition für die beste Voraussetzung, den Ball ordnungsgemäß zu treffen (Abb. 93/2). Dennoch wollen wir nicht verschweigen, daß Spieler wie Nicklaus und Ballesteros den Ball eher von der Mitte aus spielen. Mit der Begründung, daß man dann im Vorschwung den Ball schon trifft, bevor der Schläger den tiefsten Punkt seines Schwungbogens erreicht. Die Gefahr für Normalspieler ist dabei aber sehr groß, doch ein wenig zu steil zu schwingen, so daß man zu früh und zu tief in den Sand kommt, was das gewünschte Ergebnis nicht mehr zuläßt. Im Widerstreit der Experten tut man gut daran herauszufinden, was einem persönlich am ehesten zusagt. Experimentieren Sie mit der Ballposition ruhig ein wenig herum.

Sich bei der Suche nach einem festen Stand mit den Füßen richtig einzugraben, ist gut für die kurzen Schläge aus dem Grünbunker, für lange Schläge aus dem Sand aber absolut nicht. Das Sicheingraben bringt Sie mit Ihrem gesamten Körper näher an den Sand heran. Dies aber erhöht

1

Abb. 93 Um aus einem Fairway-Bunker heraus »anzugreifen«, muß der Ball wirklich gut liegen (1), und Sie müssen die Technik des Fegens beherrschen (vgl. Text). Möglichst wenig Sand darf sich zwischen Schlägerblatt und Ball befinden (2).

2

die Gefahr entschieden, beim Schlag zuviel Sand mitzunehmen, was ja, wie wir gehört haben, unserem Ziel zuwiderläuft. Anstelle des Eingrabens sichern Sie Ihren Stand dadurch, daß Sie die Innenkanten Ihrer Füße betont in den Sand hineindrücken. Sie wer-

103

den dabei feststellen, daß dies Spannung in Ihren Beinen erzeugt. Und dies wiederum verbessert Ihre gesamte Körperstabilität, weil es deutlichem Hin- und Herschwanken sowie zuviel Beinaktivität entgegenwirkt. Abgesehen davon erhalten Sie sich Ihre normale Körpergröße und damit Ihren natürlichen Augen/Ball-Abstand. Greifen Sie Ihren Schläger kürzer, fassen Sie relativ fest zu und halten Sie Ihre Handgelenke passiv. Je weniger »Hände«, desto besser. Der etwas festere Griff wirkt hier unterstützend. Ein fester Griff erzeugt bekanntlich Spannung in den Unterarmen, was ja für den Normalschwung alles andere als erwünscht ist, eben weil sie die Handgelenke lähmt. Das Kürzergreifen beugt auch gezielt dem Risiko vor, beim Schlag zuviel Sand mitzunehmen.

Jetzt geht es nur noch um einen unverkrampften rhythmischen Schwung. Spielen Sie keinesfalls mit betontem Krafteinsatz. Sie brauchen keine große Kraftanstrengung, weil Sie alle richtigen Schlagvoraussetzungen getroffen haben. Halten Sie Ihren Körper während des gesamten Schwungs so ruhig wie möglich, denn jede heftige Bewegung führt zu Instabilität und damit zum Verlust von Kontrolle. Ohne Kontrolle ist aber präziser Ballkontakt reine Glückssache.

Etikette

Zu guter Letzt und zu Ihrer Erinnerung:

Jede Berührung Ihres Schlägers mit dem Sand vor dem Treffen des Balls zieht 2 Strafschläge nach sich.

Hinterlassen Sie einen Bunker stets so, wie Sie ihn vorzufinden wünschen – auch den Übungsbunker.

Ein Golfwagen hat zwischen Bunker und Grün nichts zu suchen.

Betreten und verlassen Sie den Bunker an seiner **flachsten** Stelle. Bunkerböschungen sind gegenüber Trittschäden sehr empfindlich.

Pitchen

Im Golf, so die Meinung von Experten, gibt es viele schwierig zu spielende Schläge. Darunter fallen zum Beispiel die aus einem Bunker, der etwa 40 m vom Grün entfernt liegt, fällt der *Floater* (siehe S. 74) oder der Bergab-Putt auf einem extrem schnel-

len Grün. Nach Jack Nicklaus sind es die Pitches, die aus Entfernungen von bis zu 100 m vom Grün gespielt werden müssen. Die generelle Schwierigkeit besteht darin, daß der Schlag einerseits sehr präzise sein muß, was Entfernung und Richtung angeht, er andererseits aber technisch einige Anforderungen stellt und nur selten als ein voller Schlag gespielt werden kann. Volle Schläge beherrscht jeder

Abb. 94
Ballesteros sagt von sich, daß Chippen und Pitchen zu den starken Seiten seines Spiels gehören und immer ausschlaggebend für seine Erfolge waren.
Hier übt er 30-Meter-Pitches.

Abb. 95 Viele Hersteller haben ihre Eisensätze um zwei Schläger erweitert. Spalding beispielsweise bietet zum sonst üblichen Pitching und Sand Wedge zusätzlich den M- und den L-Wedge an (1). Die Gradeinteilung (2) wurde wie folgt vorgenommen: Pitching 48°, M 52°, Sand 56° und L 60°.

von uns leichter, nicht nur weil man sie viel mehr übt, sondern vor allem deshalb, weil man – in der Absicht, möglichst weit zu schlagen – mit jedem Schläger annähernd den gleichen Schwung macht. Soll der Ball aber nicht die volle Länge erreichen, so muß der Schwung verkürzt, ein sog. halber oder dreiviertel Schlag gespielt werden. Der Ball ist dabei

aber dennoch mit Autorität zu treffen (siehe S. 73), weil ohne diese an wiederholbare Präzision nicht zu denken ist. Häufig ist zu beobachten, daß die in einer bestimmten Situation erforderlichen halben Schwünge mit einem vollen Rückschwung versucht werden. Beim Vorschwung wird dann notwendigerweise abgebremst, was zu schlecht getroffenen und das Ziel verfehlenden Bällen führt.

Auch Spitzenspieler sehen sich dieser Schwierigkeit ausgesetzt. Sie versuchen, ihr die Spitze dadurch zu brechen, daß sie mehrere (bis zu 4) Wedges auf der Runde mitführen (Abb. 95/2). Heutzutage werden ja serienmäßig von Pitching- über den Sand- bis hin zum Lob-Wedge Modelle in eingradiger, ja sogar halbgradiger Abstufung gebaut. Nick Faldo beispielsweise spielt einen 55 1/2°-Sand Wedge. Die Skala reicht von etwa 48° bis 64°. Aus diesen Unterschieden im Loft ergeben sich natürlich auch große Differenzen der Längen beim vollen Schwung. Erreichen Sie mit einem 52°-Wedge bei einem vollen Schwung, sagen wir, 80 m, so reduziert sich die Länge mit einem 64°-»Lofty« auf nur noch etwa 45 m. Diese »eingebauten« Längen machen sich die Professionals zunutze. Mit den Wedges, die sie dabeihaben, spielen sie jeweils volle Schwünge und decken damit eine relativ große Distanz im Bereich zwischen 50 und 120 m ab. Die »Lofties«, von denen wir während der Fernsehübertragungen immer wieder Kunde erhalten, sind also nicht nur für das *Trouble*

Abb. 96
Mit der Uhr im Kopf lassen sich die gewünschten Entfernungen beim Pitchen am ehesten erreichen.

Shooting ums Grün herum gut, ihr Gebrauch zielt auch eindeutig darauf ab, die Schwierigkeiten langer Pitch-Schläge in Grenzen zu halten. Dennoch: Auch bei noch so ausgefeiltem Schlägermanagement wird es auf jeder Runde immer wieder Schläge geben, die keinen vollen Schwung zulassen. Und da müssen Sie sich zu helfen wissen. Als Längenregulator für alle nicht vollen Schwünge kann die Vorstellung vom Zifferblatt einer Uhr dienen (Abb. 96). Sozusagen zum Zeiger dieser Uhr wird Ihr linker Arm, der je nach erforderlicher Länge zurückschwingt. Weil Pitches mit betontem Armeinsatz gespielt werden, hat sich die »Uhr« auf breiter Ebene durchgesetzt. Soviel sei schon aus golftechnischer Sicht vorweggenommen: Schwingen Sie immer mindestens bis 9 Uhr zurück. Sie schaffen sich damit die notwendige Zeit, daß Ihre Beine ins Spiel kommen können, und auch, daß Sie nicht zu schnell schwingen und zu hart schlagen. Der Rückschwung analog dem Zifferblatt erlaubt Ihnen, daß Ihr linker Arm kontrolliert, wie weit der Ball fliegt. Die Uhr in Ihrem Kopf führt fast zwangsläufig auch zu einer Pendelbewegung der Arme mit einem deutlich wahrnehmbaren Umkehrpunkt von Rück- und Vorschwung. Dieser Rhythmus in Ihrem Schwung verringert ganz eindeutig die Gefahr, daß die Hände im Treffmoment überaktiv werden.

Abb. 97 Chippen und Pitchen. Zum Studium des Unterschieds (vgl. Text).

▲ Chippen mit Putt-Technik

▲ Der normale Chip   ▼ Pitchen

Wer sich mit Golf zu beschäftigen beginnt, sieht sich immer wieder vor die Frage gestellt, wie sich Pitches und Chips voneinander unterscheiden. Die Frage ergibt sich deshalb, weil uns die großen Spieler in ihren Büchern eine um die andere Seite von 30 m-Chips und 30 m-Pitches erzählen, die technischen Unterschiede dabei meist aber nicht so klar erklärt werden, daß sich eine eindeutige Abgrenzung ziehen ließe.

Sicherlich können die Bildreihen (Abb. 97) zum besseren Verständnis beitragen. In der oberen Serie erkennen Sie das Chippen mit Putt-Technik (siehe S. 63). Charakteristisch ist hier die völlige Ruhigstellung der Handgelenke während des gesamten Schlags. **Kraftquelle ist das Pendeln (»Rocken«) der Schultern.** Der Handgelenkseinsatz wird sichtbar in der mittleren Bildreihe, die das normale Chippen zeigt. Die Hände bleiben immer vor dem Schlägerkopf. Bis auf ein leichtes Mitgehen der Beine ist ein größerer Körpereinsatz nicht zu erkennen.

Dieser aber wird jetzt beim Pitchen in der unteren Bildreihe deutlich. Die Schultern drehen sich, die Handgelenke winkeln stark ab. Volle Pitch-Schläge, bei denen Distanzen von 100 m erreicht werden, zeigen im Schwung eine Gewichtsverlagerung. Weitere Unterscheidungsmerkmale: Die Hände und der Oberkörper bleiben hinter dem Ball. Der gesamte Körper wird in den Schwung eingebracht. Auffallen sollte Ihnen auch, daß Rück- und Vorschwung sich spiegeln. Die Länge des Rückschwungs entspricht der Höhe des Finish.

Um auf den erwähnten 30 m-Chip oder 30 m-Pitch zurückzukommen: Es dürfte nicht sonderlich schwierig sein, einen 30 m-Chip vom Vorgrün zur Fahne mit einem Eisen 8 fast ohne Unterstützung des Körpers (nur aus den Schultern heraus) zustande zu bringen. Bei einem Schlag mit einem 60°-Lob Wedge zum Grün über diverse Hindernisse hinweg – jenem hohen Ball also, der schnell liegenbleibt – bedarf es dagegen schon erheblichen Körpereinsatzes (Schulterdrehung, aktive Handgelenke, Gewichtsverlagerung), um den Ball über die 30 m-Distanz zu befördern. Vielleicht hilft dieses Beispiel, die Unterscheidung von Chips und Pitches zu veranschaulichen.

Beim Pitchen geht es im wesentlichen um zwei Aufgaben. Die eine ist der hohe Ball, der weich auf dem Grün landet und dann nur noch kurz ausrollt. Über geringe Distanz gespielt haben wir diese Technik ja schon mit dem *Floater* (siehe S. 74) kennengelernt. Die zweite Variante ist der sog. *Pitch and Run*. Das ist ein Ball mit deutlich flacherer Flugbahn und anhaltendem Ausrollen.

Nun muß man bedenken, daß man Pitches mit fast allen Schlägern spielen kann, daß einem eine Ausholbewegung beliebiger Amplitude zur Verfügung steht und man sehr unterschiedlich durch den Ball beschleunigen kann. Da wird dann deutlich, daß die Kombination all dieser Elemente zahllose Möglichkeiten für die unterschiedlichsten Schläge eröffnet. Allein schon im Hinblick auf das Wissen, jeder Spielsituation mit einer entsprechenden Technik begegnen zu können, sollte Ermunterung genug sein, sich mit dem Pitchen intensiv zu beschäftigen. Es soll Spieler geben, besonders gute noch dazu, die behaupten, daß ihr gesamtes Training ausschließlich auf das Pitchen beschränkt ist. Durch die Variabilität der Schläge lerne man wie nirgendwo anders, mit der Schwungmechanik vertraut zu werden. Den betonten Einsatz der Hände oder deren bewußtes Zurückhalten könne man immer besser erfühlen und auch steuern, und vor allem ließe sich Kontrolle über den Schlägerkopf gewinnen, also ein Zustand erlangen, wo Golf aus technischer Sicht wirklich interessant zu werden beginnt. Nicht umsonst heißt es: »Wer gut pitcht, kann auch gut mit dem Driver umgehen.«

Der hohe Pitch

Nach alledem, was wir schon gemeinsam erarbeitet haben, wissen Sie, daß natürlich auch Pitches eine Reihe bestimmter Voraussetzungen in der Ansprechhaltung haben und diese genau beachtet werden wollen (Abb. 98). So liegt der Ball sehr weit vorn im Stand, fast schon vor der linken Fußspitze. Das stellt sicher, daß der Loft des Pitching Wedge, der zusammen mit dem Sand Wedge der Schläger Ihrer Wahl für solche Aufgaben sein sollte, voll zur Geltung

kommt. Der Stand ist deutlich weiter als beim Chippen, wiederum aber deutlich enger als beim vollen Schwung. Das Körpergewicht ist zu 70 % auf der linken Seite, was den steilen Rückschwung unterstützt, der die Voraussetzung für eine hohe Flugbahn ist. Der leicht offene Stand führt zu einer spürbaren Blockade der Körperdrehung im Rückschwung, was erwünscht ist. Auch hilft dies, im Vorschwung die linke Körperseite frühzeitig aus dem Weg zu bekommen, was unabdingbar ist, wenn Sie das Schlägerblatt bis über den Treffmoment hinaus *square* halten wollen. Im Gegensatz zum Stand sind die Schultern *square* zum Ziel ausgerichtet, als wollten Sie einen vollen Schwung spielen. Der Griff sollte leicht sein,

Abb. 98
Die Ansprechposition für den hohen Pitch. Vorbildlich ist die gerade Linie von der linken Schulter hinunter zum Schlägerkopf. Obwohl auf diesem Foto nicht zu erkennen, muß der Stand stets leicht offen sein.

111

damit die Hände, auf die es beim Pitchen sehr ankommt, gefühlvoll agieren können. Sie befinden sich in gerader Linie über dem Schlägerkopf und dieser ist *square* auf das Ziel ausgerichtet.

Abb. 99 Ein genaueres Studium lohnt sich. Alle wesentlichen Kriterien eines guten Pitchschlags sind erfüllt.

Während des Rückschwungs verbleibt das Gewicht auf der linken Seite. Am Ende befindet sich die linke Schulter unter dem Kinn. Das die ganze Zeit über gebeugte rechte Knie sorgt für soviel Stabilität in der rechten Körperhälfte, daß ein Wegschwanken *(Sway)* vom Ball nicht möglich wird (Abb. 99). Nick Faldo denkt beim Rückschwung immer: »Dreh' deinen Bauch weg vom Ziel.« Das, so sagt er, sichere die für diesen Schwung genau richtige Körperdrehung. Der maximale Rückschwung ist in der ³/₄-Position erreicht. Auf unser Zifferblatt umgelegt heißt das, der gestreckte linke Arm kommt zwischen 10 und 11 Uhr zur Ruhe.

Jetzt aber zu den Handgelenken. Sie spielen beim Pitch eine ganz wesentliche Rolle. Denken Sie immer: **Linker Daumen hoch.**

Die Handgelenke winkeln im **Rückschwung** so stark ab, daß der Schläger senkrecht nach oben zeigt, wenn Ihr linker Arm eine zum Boden parallele Position erreicht hat (Abb. 99). Achten Sie darauf, daß der linke Handrücken sich in gerader Linie zum Unterarm befindet. Um dies sicherzustellen, müssen Sie Ihren rechten Handrücken gegen den rechten Unterarm abwinkeln.

Beim Vorschwung kommt es ganz entschieden darauf an, das Körpergewicht hinter dem Ball zu belassen. Man erreicht das am besten, wenn der Vorschwung dadurch eingeleitet wird, daß beide Knie in Zielrichtung gedreht werden. Das nämlich führt automatisch dazu, daß sich der

Oberkörper etwas nach rechts bewegt. Und genau das ist es, wodurch das Hinter-dem-Ball-Bleiben eigentlich relativ einfach wird. Versuchen Sie, diese Position beizubehalten, bis Sie den Ball getroffen haben. Das mit dem Körper-hinter-dem-Ball-Bleiben ermöglicht es Ihnen, ganz bewußt Ihre rechte Hand unter die linke zu bringen und damit den Schlägerkopf in seiner *squaren* Stellung gut unter den Ball zu bekommen (Abb. 100). Nur wenn Sie auch hier dem Leitsatz »rechts unter links« folgen, dürfen Sie erwarten, daß der Ball die angestrebt hohe Flugbahn erreicht, weich landet und kurz ausrollt.

Wenn es Ihnen nicht gelingt, hinter dem Ball zu bleiben und auch die rechte Hand bewußt unter ihn zu bringen, dann spielen Sie einen normalen Pitch und keinen, dessen Merkmal die weiche Landung ist. Halten Sie Ihren Oberkörper nämlich nicht zurück, dann bewegt sich durch die Gewichtsverlagerung nach vorn alles in Richtung auf das Ziel. Dabei kommt es als Folge der speziellen Ansprechposition und des überaus steilen Rückschwungs zu einem ebenfalls sehr steilen Abschwung mit hoher Schlägerkopfgeschwindigkeit, weil das gesamte Hebelsystem über die Gewichtsverlagerung nach links in Funktion gesetzt worden ist. Immer wenn ein Spieler in diese Situation kommt, läuft er Gefahr, daß das Tempo in seinem Schwung zu hoch wird und der Schlag mißlingt. Wer hart von oben in den Ball hineinschlägt, nimmt zudem immer das Risiko auf

Abb. 100
Der hohe Pitch.
Der Körper
befindet sich
hinter dem
Ball. Die rechte
Hand bleibt
unter der
linken.

sich, bei gutem Treffen zuviel Backspin zu erzeugen, was sich auf schnellen Grüns als Nachteil erweisen kann, weil der Ball in seinem Verhalten nicht zu berechnen ist.

Um der Wahrheit jedoch die Ehre zu geben, wollen wir hier deutlich machen, daß viele Spitzenspieler mit dieser ganz anders gearteten Technik leben und diese auch von weltbekannten Lehrern wie Bob Toski so unterrichtet wird. Uns erscheint es als ein gewisser Widerspruch, wenn man steil und hart nach unten schlagen und den Ball dabei auf eine ho-

113

he Flugbahn befördern soll und dann noch eine weiche Landung erwartet. Letztlich aber bleibt es natürlich Ihnen überlassen, herauszufinden, was Ihnen am ehesten zusagt und womit Sie den größeren Erfolg haben. Hier noch ein Tip für Ihr Üben: Wenn Sie einen Fehlschlag machen, dann schlagen Sie nicht einfach den nächsten Ball, sondern zwingen Sie sich zu sofortiger Fehleranalyse. In 90% aller Fälle werden Sie feststellen, daß

Abb. 101 So sieht es aus, wenn man löffelt. Die Handgelenke sind gebrochen. Präzision und Wiederholbarkeit sind nicht möglich.

schlechte Schläge die Folge eines zu flachen Rückschwungs waren. Achten Sie beim Pitchen also vorrangig auf **Daumen hoch.** Kontrollieren Sie Ihren Kopf. Lange noch, nachdem der Ball getroffen ist, sollten Ihre Augen die Stelle fixieren, wo er gelegen hat. Viele Spieler lassen ihre Pitches regelmäßig zu kurz. Vielleicht gehören auch Sie dazu. Möglicherweise hilft Ihnen folgende Vorstellung: Wenn Sie sich in Ihren Schlag einstimmen und im Zuge dessen den Landepunkt für Ihren Ball festgelegt haben, dann stellen Sie sich jetzt die Flagge an eben dieser Stelle vor und zielen Sie auf das Flaggentuch. Wenn Sie in Zukunft so vorgehen, werden Sie kaum noch einen Pitch zu kurz lassen.

Haben Sie ein mulmiges Gefühl, wenn Sie ein größeres Wasserhindernis überspielen müssen? Stellen Sie sich einen Freund unmittelbar neben der Fahne vor, der Ihren Ball mit einem Baseballhandschuh fangen will. Konzentrieren Sie sich ganz und gar auf diese Möglichkeit. Sie werden sehen, daß Sie das Wasser damit völlig aus Ihrem Bewußtsein verdrängen können.

Den Schlägerkopf unter Führung der rechten Hand unter den Ball zu bekommen, ist von Haus aus kein leichtes Unterfangen. Schwieriger noch wird es, wenn Sie mit dieser Technik einen bestimmten Punkt ziemlich genau treffen müssen, um den Ball nahe ans Loch legen zu können. Hierbei hilft Ihnen die Vorstellung, den Ball mit der rechten Hand im Unterarmwurf auf den Landepunkt werfen zu wollen. Tun Sie so, als hätten Sie tatsächlich einen Ball in der Hand, und visieren Sie dabei das Ziel genau an. Bei Fernsehübertragungen ist immer wieder zu beobachten, wie die Spitzenspieler sich mit dieser Bewegung auf den vor ihnen liegenden Schlag einstimmen.

Beim Üben auf Ihrem Pitchinggrün sollten Sie niemals die Turnierpraxis aus dem Auge verlieren. Einen Schlag nach dem anderen zu spielen macht nur Sinn, wenn Sie sich die spezielle Technik aneignen wollen. Sowie Sie diese aber einigermaßen beherrschen, müssen Sie Ihr Können unter Druck testen. Spielen Sie daher mit Ihren Freunden um kleine Beträge. Wer schlägt näher an die Fahne? Wer kann mit zwei Schlägen aus 30 m einlochen usw.? Sie fördern damit in sich die positive Einstellung, die für erfolgreiche Schläge Voraussetzung ist, und legen zudem offen, wo Ihre Schwächen liegen, die Sie dann schnellstmöglich auszumerzen gedenken. Auch lernen Sie, sich vor einem Schlag besser zu konzentrieren und zwar genau auf das, worauf es jetzt ankommt. Bei solchen kleinen Wettkämpfen lernen Sie im übrigen, den Flug des Balls genau zu verfolgen und auch, wohin er nach der Landung springt und rollt. Alles Dinge, die Ihre Erfahrung in Sachen Pitchen maßgeblich verbessern und die Sie bei ausreichend selbstkritischer Einschätzung niemals im unklaren lassen, was Sie tatsächlich können und was nicht.

Der »Pitch and Run«

Haben Sie das auch schon festgestellt? Pitches, die relativ flach fliegen und dann endlos lang ausrollen, sind immer wieder bei der British Open zu sehen. Die speziellen Verhältnisse auf den großen Meisterschaftsplätzen in Großbritannien lassen einem normalen hochgeschlagenen Pitch kaum Aussicht auf Erfolg. Der Wind bläst zu stark und die Grüns sind zu hart, so daß hohe Bälle nur selten das Ergebnis bringen, das Spitzenspieler von ihren Schlägen erwarten. Ganz anders die flachen Bälle, die unter dem Wind durchsegeln, schier endlos lange ausrollen, um dann wie durch ein Wunder direkt an der Fahne liegen zu bleiben. Achten Sie einmal während der nächsten Übertragung auf diese wie an der Schnur gezogenen *Pitch and Run*-Schläge. Was die Distanzen anlangt, so sind 50 bis 70 m durchaus machbar, aber auch schon für 10 m ist diese Technik anwendbar. Immer natürlich unter der Voraussetzung, daß die Situation einen solchen Schlag erfordert und die bestehenden Verhältnisse ihn zulassen. Normalerweise ist der Pitching Wedge der richtige Schläger, aber wenn Distanzen von mehr als 50 m überwunden werden müssen, dann tut man sich leichter mit einem Eisen 9 oder 8, weil damit auch größere Distanzen mit relativ wenig Aufwand, sprich kleinen Schwüngen, zu überwinden sind. Mit einem Eisen 5 hat Greg Norman *Pitch-and-Run*-Schläge von über 150 m produziert!

115

Educated Hands

Weil beim Pitchen den Händen so
große Bedeutung zukommt, haben
wir in Abb. 102 (1-3) dargestellt, wie
die Aktivität der Hände auf das
Schlägerblatt und damit auf die Flugbahn des Balls wirkt. Der auf dem
Schlägerblatt aufsitzende Metallstift
zeigt Ihnen, in welchem Winkel der
Ball vom Schlägerkopf abhebt.

Abb. 102 Mit Hilfe eines auf das
Schlägerblatt aufgesetzten magneti-
schen Metallstifts wird gezeigt, wie die
Flugbahn des Balls von den Händen
bestimmt wird. Das Prinzip dabei: Je
mehr die rechte Hand über die linke
rollt, desto flacher verläuft die Flugbahn.

1

2

3

Daß »rechts unter links« (Abb. 102/1) dem Ball die höchste Flugkurve verleiht, haben wir beim *Floater* und dem hohen Pitch bereits kennengelernt. Für den *Pitch and Run* entscheidend ist das »Rechts über links« der Hände, wie es aus Abb. 102/3 ersichtlich wird. Doch zunächst zur Ansprechhaltung.

Wichtig ist zunächst, daß der Ball im Stand deutlich zurückgeht. Knapp hinter der Mitte sollte er liegen (Abb. 103). Übertreiben Sie aber nicht. Liegt der Ball zu weit am rechten Fuß, besteht die Gefahr, zu steil auf ihn zu schlagen. Außerdem trifft das Schlägerblatt womöglich schon auf den Ball, noch bevor es Zeit hatte, sich im Vorschwung *square* zum Ziel auszurichten.

Der Stand ist so weit wie bei einem normalen Schwung, das Körpergewicht gleichmäßig verteilt. Der weitere Stand sorgt für eine flachere Schwungebene, welche die Voraussetzung ist, richtig an den Ball zu kommen. Erinnern Sie sich: Je enger und offener der Stand mit Gewicht vorrangig auf der linken Seite, desto steiler die Schwungebene. Ihre gesamte Ausrichtung ist *square* zum Ziel. Sie dürfen sich bei diesem Schlag in Ihrer Bewegungsfreiheit nicht eingeengt fühlen. Stehen Sie etwas aufrechter, indem Sie die Knie ein wenig mehr strecken. Diese kleine Veränderung begünstigt ebenfalls die flachere Schwungebene. Aus dem gleichen Grund fassen Sie Ihren Schläger am oberen Ende (kein Kürzerfassen). Achten Sie darauf, daß

die Hände sich nur knapp vor dem Ball befinden. Grundsätzlich sollten Sie mit dem Schlägerkopf leicht nach rechts zielen. Dadurch nämlich, daß Sie beim Treffen die Hände überrollen, entsteht leichter Spin nach links (*Hook Spin*), und das müssen Sie kompensieren.

Der Rückschwung verläuft dann korrekt, wenn er von einer deutlichen Gewichtsverlagerung nach rechts geprägt ist. Ein weiteres Moment, die flache Schwungebene zu unterstützen: Im höchsten Punkt des Rückschwungs sind die Hände in Hüfthöhe. Die Handgelenke werden nicht bewußt abgewinkelt. Im Rückschwung geht es auch darum, das Schlägerblatt zu öffnen, um damit

Abb. 103
Die Ansprechhaltung für den »Pitch and Run«.

117

den Spielraum zu schaffen, es im Vorschwung schließen zu können. Dieses Öffnen des Schlägerblatts erreichen Sie am besten dadurch, daß Sie Ihre Schultern aufdrehen. Dabei ist die rechte Hand am Ende des Rückschwungs unter der linken. Das bewußte Öffnen des Schlägerblatts im Rückschwung und auch das zum Ball hin wieder *square*-Stellen – die Rück- und Vorbewegung also – muß geübt werden, immer wieder. Bis Sie sich im klaren darüber sind, welche

Abb. 104 Das sog. Überrollen der Hände sorgt für die flache Flugbahn. Gut zu erkennen ist, wie sich die rechte Hand über die linke gedreht hat.

Bewegung genau das Schlägerblatt zu machen hat. Es öffnet sich im Rückschwung, kommt beim Vorschwung zunächst *square* an den Ball, um dann während des Ballkontakts von den überrollenden Händen geschlossen zu werden *Open-to-close* ist der Fachausdruck für diese Schlägerkopfbewegung.

Ausgelöst wird der Vorschwung durch eine leichte Kniebewegung nach links mit daraus folgender Gewichtsverlagerung ebenfalls nach links. Die Arme ziehen den Schläger zum Ball, wobei die entscheidende Bewegung das Überrollen der Hände ist (Abb. 104). Auch dieses Überrollen müssen Sie erst einmal trocken üben. Die rechte Hand legt sich dabei deutlich sichtbar über die linke. Wenn Sie richtig überrollen, so spüren Sie dies auch an Ihren Unterarmen: Der rechte dreht sich auf den linken. Schauen Sie dabei auch auf das Schlägerblatt: Es dreht sich zu. Das ist genau der Auslöser dafür, daß der Ball flach bleibt und ein bißchen *Hook Spin* nach links bekommt. Gerade dieser Spin sorgt dafür, daß der Ball in seinem Rollen auf die Fahne zu exakt die Linie hält. Der Spin nämlich stabilisiert die Richtung.

Nehmen Sie sich beim Üben zunächst kurze Distanzen vor. Achten Sie darauf, daß Ihre Bewegungen nicht ruckartig erfolgen. Rhythmisch fließend müssen alle Einzelbewegungen zusammengefügt werden. Konzentrieren Sie sich vor allem auf die Arbeit des Schlägerblatts. Beim

Überrollen müssen Sie lernen, bewußt dosieren zu können. Der Hauptfehler, den Sie möglicherweise auch an sich feststellen werden, ist anfangs der, daß der Ball immer zu weit nach links von der Fahne läuft. Das liegt zum einen an Ihrer rechten Schulter, die Sie zu sehr ins Spiel bringen und mit ihr den Ball quasi nach links drücken, zum anderen auch am zu schnellen Überrollen der Hände. Der Ball bekommt dann zuviel Schnitt, was sich in einem starken Linksbogen niederschlägt. Also: Maßvolle Hände und überlassen Sie die Arbeit Ihren Armen. Wenn Sie Ihre rechte Schulter nicht zähmen können, dann muß deren Bewegung bewußt nach unten gerichtet sein und zwar so, daß sie sich unter das Kinn Ihres ruhig gehaltenen Kopfes dreht.

Wenn Sie jetzt darangehen, *Pitch and Run*-Schläge zu üben, so können wir Ihnen nur raten, drei spezielle Gesichtspunkte bei all Ihren Aktivitäten stets im Auge zu behalten. Da ist zum Beispiel der Landepunkt. Ihm kommt bei dieser Technik besondere Bedeutung zu. Haben Sie ihn nach sorgfältiger Prüfung aller Gegebenheiten ausgewählt, so konzentrieren Sie sich nur noch auf ihn. Vergessen Sie die Fahne – spielen Sie den Landepunkt an! Ins Loch rollt der Ball dann sozusagen von selbst.

Betont haben wir bereits, wie wichtig ein aktives Einleiten des Schwungs durch die Knie ist. Die Knie sorgen für die gewünschte Beschleunigung des Schlägerkopfes und auch den sich in der Folge einstellenden soli-

den Ballkontakt. Ballesteros empfiehlt dazu, sich vorzustellen, daß an beiden Innenseiten der Knie Schellen angebracht sind, die während des Schwungs durch Aneinanderschlagen zum Klingen zu bringen sind. Die Knie also sollen sich bewußt berühren. Vielleicht gelingt Ihnen das besonders gut, wenn Sie sich diesem Schwunggedanken verschreiben. Wenn Sie bei Regen spielen und einen *Pitch and Run* vom nassen Fairway auf ein nasses Grün schlagen müssen, so nehmen Sie immer einen Schläger mehr als bei trockenen Bedingungen. Die Feuchtigkeit bremst enorm, und man ist immer ganz enttäuscht, wenn der Ball, obwohl gut getroffen, zu kurz bleibt.

Eine andere Technik

Beim Studium von Technikanleitungen in Fachzeitschriften oder auch dessen, was Sie bisher in diesem Buch über das Pitchen gelesen haben, drängt sich Ihnen vielleicht der Eindruck auf, daß es von kleinen Veränderungen abgesehen nur eine einzige Technik gibt, Hände, Arme und Schultern zu bewegen, die eine erfolgreiche Annäherung gewährleistet. Tatsächlich aber können Sie aus dem eher Grundsätzlichen, was wir Ihnen näherzubringen versucht haben, Ihre ganz eigene und für Sie erfolgreiche Methode der kurzen Schläge zusammenfügen. Beim Training haben Sie sicher festgestellt, wie verschiedenartig Ihre Annäherungen ausfallen, wenn Sie Ihre Handgelenke ganz aktiv einsetzen oder sie im Gegensatz dazu bewußt inaktiv halten. Weil eben keine Methode die allein richtige ist, muß das Chippen und Pitchen so intensiv geübt werden, bis man – natürlich unter Berücksichtigung der Grundlagen – zu seinem eigenen Stil gefunden hat. Das gilt so lange, bis man weiß, mit welcher Technik man dieser oder jener Spielsituation am erfolgreichsten begegnen kann. Und dann muß jeder von uns – sozusagen

in einer zweiten Trainingsebene – weiterhin ununterbrochen an seinem kurzen Spiel arbeiten, weil der Spielraum für Fehler naturgemäß immer kleiner wird, je näher wir uns an der Fahne befinden. Dann entscheiden ja schon Zentimeter in Richtung und Länge über Wohl und Wehe des Scores, und jede kleinste Schwäche kann verhängnisvolle Auswirkungen auf das Spielergebnis und die Psyche haben.

Was nun die Technik des kurzen Spiels anlangt, so haben Sie nach dem bisher Gelesenen den Eindruck gewinnen müssen, daß bei allen Schlägen den Schultern, Armen und Händen vorrangige Bedeutung zukommt. Für das Pitchen wollen wir

Abb. 105 Die »Hinge«-Position – eine der wichtigsten Kraftquellen für die Beschleunigung des Schlägerkopfes. Sich mit dieser Position näher zu beschäftigen (vgl. Text), wird sich für Ihr Spiel sehr positiv auswirken.

1

2

Ihnen noch eine ganz anders gearte-
te Technik vorstellen. Der Körper und
seine großen Muskeln übernehmen
dabei die führende Rolle. Viele Spitzenspieler betonen, daß sie sich viel
lieber auf die großen Muskeln des
Körpers verlassen als auf die vor allem unter psychischem Druck unzuver-
lässigen kleinen Muskeln der Arme,
Handgelenke und Hände. Das leuch-
tet ein, denn das dann reichlich
fließende Adrenalin läßt viel eher
die kleinen Muskeln zittern als die
Rücken- und Beckenmuskulatur. Unter
diesem Gesichtspunkt zielt Pitchen in
der jetzt zu beschreibenden Form
darauf ab, vorrangig den Körper zu
drehen und die Arme und Hände
passiv zu halten.

Am leichtesten bekommen Sie Zu-
gang zu dieser Technik, wenn Sie
Abb. 105 genau studieren. Zu dieser
hier demonstrierten Hände-Schläger-
Position zu kommen ist der entscheidende Einstieg. **Nur die Handgelenke
werden bewegt, die Arme bleiben
da, wo sie beim Ansprechen waren.**
Deutlich zu sehen ist das betonte Bewegen des rechten Handgelenks auf
den Unterarm zu. Dieses *Hinging*
(engl. *hinge* = Scharnier) ist so stark,
daß dabei fast ein rechter Winkel
entsteht. Auf diese Aktion der rechten
Hand machen wir ausdrücklich auf-
merksam. Nur der Vollständigkeit
halber sei hier erwähnt, daß das Beugen der rechten Hand, so unglaublich Ihnen das fürs erste auch erscheinen mag, neben dem Aufdrehen des
Körpers die zweite wichtige Kraftquelle im Golfschwung ist.

Üben Sie dieses *Hinging* und lassen
Sie dabei Ihre Hände da, wo sie sind
– in der Mitte des Körpers. Den beiden Abbildungen können Sie des
weiteren entnehmen, daß sich der
Schlägerschaft automatisch parallel
zum Boden stellt und auch genau in
die Richtung, in die der Ball fliegen
soll. Schauen Sie jetzt auf das Schlägerblatt. Es zeigt nicht vertikal nach
oben, sondern ist leicht nach vorn
geneigt. Das ergibt sich automatisch,
wenn der linke Handrücken die gewünschte gerade Linie mit dem Unterarm bildet. Ebenfalls automatisch
führt das Winkeln der rechten Hand
dazu, daß der rechte Ellenbogen in
die rechte Bauchseite stößt und die
linke Hand relativ passiv nur dem
folgt, was die rechte vorgibt.

Das A und O des gesamten Schlags
besteht nun darin, daß Sie diese
Hinge-Position während der gesamten Drehbewegung des Körpers unverändert beibehalten.

Der Ball wird in etwa aus der Mitte
gespielt. Der Stand ist leicht offen
und das Körpergewicht favorisiert mit
60:40 die linke Seite. Nach dem
Ansprechen nehmen Sie als nächstes
die Hinge-Position ein. Erst danach
beginnen Sie mit dem Rückschwung,
indem Sie die Schultern und den Körper drehen. Der rechte Ellenbogen
bleibt dabei deutlich spürbar in der
rechten Bauchseite verankert. Überhaupt sollten Sie beim Rückschwung
das Gefühl haben, daß sich der Körper als Ganzes dreht und vor allem,
daß die Arme in keiner wie auch immer gearteten Weise selbständig

121

werden. Die Oberarme bleiben
während Rück- und Vorschwung immer an der Brust fixiert, so daß für
Sie der Eindruck entsteht, die Arme
seien nur an einer sich drehenden
Körperachse (Wirbelsäule) ange-
flanscht. Der Drehimpuls nach vorne
erfolgt gleichermaßen aus Hüften und
Schultern, wobei die Hände die
Hinge-Position zu keiner Zeit bewußt
aufgeben. Durch die Drehbewegung
nach vorne nimmt der Körper über

Abb. 106 Ihr Schwunggedanke sollte sein, wie mit einer
Sense in den Händen durch den Ball zu gehen. Schauen
Sie sich an, wie auch im fortgeschrittenen Stadium des
Schwungs die Hände in der »Hinge«-Position bleiben.

die Arme und den »gehingeten«
Schlägerkopf den Ball praktisch nur
mit. Was soviel bedeutet, daß ein
aktives Zuschlagen nicht stattfindet.
Praktisch drehen Sie Ihren Körper
durch den Ball. Schauen Sie sich
auch genau an, wie die Hände mit
Unterstützung des Körpers selbst noch
nach dem Treffen des Balls nach links
ziehen, ohne die gewinkelte Position
aufzugeben. Durch diese Bewegung
hat der Ball im Treffmoment Schnitt
(*Cut Spin*) bekommen. Dieser Spin in
Verbindung mit der einhergehenden
relativ flachen Flugbahn schafft die
Voraussetzung dafür, daß man den
Ball mit Autorität schlagen, ja geradezu aggressiv treffen kann, ohne daß
er dann nahezu endlos ausrollt. Besonders aus schwierigen Lagen ist
diese Technik daher empfehlenswert.
Zwei entscheidende Positionen sind
in Abb. 107 dargestellt.
Noch einmal zu den bis zum Ende
des Vorschwungs in der Hinge-Position gehaltenen Handgelenken. Das
ist oftmals die Aufgabe, die uns
Normalgolfern sehr schwer fällt, ja
unmöglich ist. In erster Linie natürlich
deshalb, weil so gar keine Verwandt-
schaft mit dem Normalschwung zu
bestehen scheint, und weil man daher glaubt, mit dieser neuen, unge-
wohnten Bewegung den Ball überhaupt nicht treffen zu können.
Tatsächlich aber wird sich bei eini-
gem Training sehr schnell herausstellen, daß der Ball ganz exzellent zu
treffen ist und vor allem auch, daß
das Ganze wie schon erwähnt auch
unter Druck funktioniert. Darauf hin-

weisen wollen wir Sie auch, daß dieses absolute Winkelhalten nur der Schwung-**Gedanke** ist, mit dessen Unterstützung Sie den Schlag ausführen (Abb. 106). Tatsächlich nämlich findet schon eine leichte Auflösung des Winkels statt. Die rechte Hand bewegt den Schläger vor dem Treffmoment ein klein wenig auf den Ball zu. Keinesfalls aber darf sich das rechte Handgelenk wie beim Normalschwung im Treffmoment strecken. Das macht die gesamte technische Konzeption zunichte.

Üben Sie diesen speziellen Pitch mit Hilfe der einfachen Idee, den Körper bei »gehingeten« Handgelenken zurück und auch wieder nach vorn zu **drehen** – wie beim Mähen mit der Sense. In eine fließende Winkelbewegung der Handgelenke – bisher haben Sie den Winkel beim Ansprechen sozusagen separat gesetzt – sollten Sie erst dann übergehen, wenn Sie sicher sein können, daß Ihnen das korrekte Hingen während des Rückschwungs auch tatsächlich gelingt.

Wenn Sie die Bildserien studieren, fällt Ihnen sicherlich auf, wie die rechte Schulter beim Vorschwung nach unten geht. Das ist ein ganz wesent-

1

2

Abb. 107
Mit den Händen in der »Hinge«-Position drehen Sie Ihren Körper durch den Ball (1). Diese »Hinge«-Position geben Sie bis ins Finish hinein nicht auf (2).

Pitchen

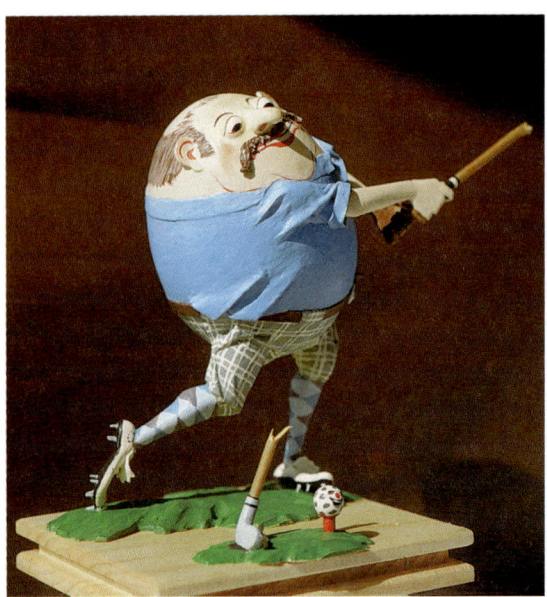

Faszination Golf einmal anders: Ein Künstler aus Oberammergau hat diesen Golfer aus einem Ei geformt.

liches Element dieser Technik. Sie erreichen damit, daß Sie den Schlägerkopf an den Ball bringen, ohne die Handgelenkswinkel aufgeben zu müssen. Die Schulterbewegung »rechts runter und links hoch« ist ganz wichtig. Schenken Sie ihr im Training und natürlich auch im Spiel volle Aufmerksamkeit.

Die hier beschriebene Technik ist keineswegs zu den etwa exotischen zu zählen. Achten Sie einmal darauf, wie viele Schläge während eines Turniers von den Spitzenspielern in dieser Art gespielt werden. Sie taugen für einen Pitch von 10 m gleichermaßen wie für einen von 80 m. Sie können mit einem Sand Wedge bis hinauf zu einem Eisen 7 gespielt werden. Heute gehört dieser Schlag in das Repertoire eines jeden guten Spielers.

Literatur

BALLESTEROS, SEVE: Natural Golf. London 1988 (engl.) *

BRADLEY, JOHN/ALEXANDER KÖLBING: Richtig Golf. 4. Aufl., München 1996

COUPLES, FRED: Total Shotmaking. New York 1994 (engl.)

FALDO, NICK: Golf – The Winning Formula. London, Sidney 1990 (engl.)*

LANGER, BERNHARD: Putten leicht gemacht. Hamburg 1987

NICKLAUS, JACK: So spielte ich Golf. Hamburg 1974

PENICK, HARVEY: Das kleine rote Buch. München 1994

PORTER, KAY/JUDY FOSTER: Mentales Training. München 1987

RUNYAN, PAUL: Das kurze Spiel, Ihr Weg zum Erfolg. Starnberg 1982

TOSKI, BOB: How to become a complete Golfer. New York 1984 (engl.)

WATSON, TOM: Das kurze Spiel. Hamburg 1986

Video

SEVE BALLESTEROS: The Short Game. Channel 5 Video 1990 (engl.)*

BEN CRENSHAW: The Art of Putting. HPC Home Video 1986 (engl.)

JACK NICKLAUS: Golf – Mein Spiel. Bild am Sonntag-Videothek

* Für Golf-Begeisterte ein Muß

Register

Know-how rund ums Grün

Manfred Grosser /
Carlo Knauss
Energy Golftraining
Auf der Basis trainingswissenschaftlicher Erkenntnisse, in leicht verständlicher Form und mit vielen instruktiven Abbildungen: das gesamte körperliche Training (Energy-Training genannt) für Golfer aller Leistungsklassen.

Peter Chamberlain
Lehrbuch Golf
Golfschwung, den Flug des Balls analysieren und verstehen, das Putten, das Grün; schwierige Lagen und wie man sie meistert; die Golfrunde; das Spiel der Nerven – Konzentration und Beherrschung; das physische Spiel – die körperlichen Bedingungen.

Ulrich Kaiser
Golf Know-how von A–Z
Das erste deutschsprachige Golf-Lexikon: 1000 Namen, Begriffe, Daten und Fakten zu Geschichte, Ausrüstung, Etikette, Regeln, Turnieren und Spielern usw. – stichwortartig, fundiert und äußerst unterhaltsam erklärt.

Harvey Penick / Bud Shrake
Harvey Penick's Golf-Weisheiten
Das Kultbuch für Golfer: Harvey Penick's Lehrmethoden und Erfahrungen aus 60 Jahren Golflehrer-Tätigkeit.

Von Harvey Penick bereits erschienen:

Und spielst du Golf, bist du mein Freund
Den Damen, die das Golfspiel lieben
Golf-Inspirationen

Sue Crowcroft
Kagami Golf
Das neue, ganzheitliche Golf-Trainingsprogramm, das auf bewußter Selbstwahrnehmung basiert, und Denkweise, Schwung sowie geistige und seelische Kondition markant verändert.